Ordnungszahlen

1

2

die Reihenfolge, in der die Kinder auf dem Bild ins Ziel einlaufen, auf die Reihenfolge der Kinder im Kasten übertragen und die T-Shirts entsprechend anmalen bzw. umgekehrt

1

| 2. 🟡 | 3. 🔴 | 5. 🟢 | 6. 🔵 | 1. 🩷 | 4. 🟣 |

2

| 4. 🩷 | 6. 🔵 | 1. 🟣 | 5. 🔴 | 3. 🟡 | 2. 🟢 |

die Kleidung der Personen bzw. die Autos in der Reihenfolge farbig anmalen, die in der Tabelle angegeben ist

1

| 1. | 2. | 3. |

2

1 Bildergeschichte erzählen, dabei Begriffe der zeitlichen Abfolge verwenden: zuerst – dann – zuletzt   2 richtige Reihenfolge der Bilder herausfinden; Ordnungszahlen in die Kästchen eintragen; Bildergeschichte erzählen

3

Größer – kleiner

1

$3 > 1$  $1 < 2$

2

$5 >$ $4 <$

1

5 > 2   4 >   >

2

1 < 3   3 <   <

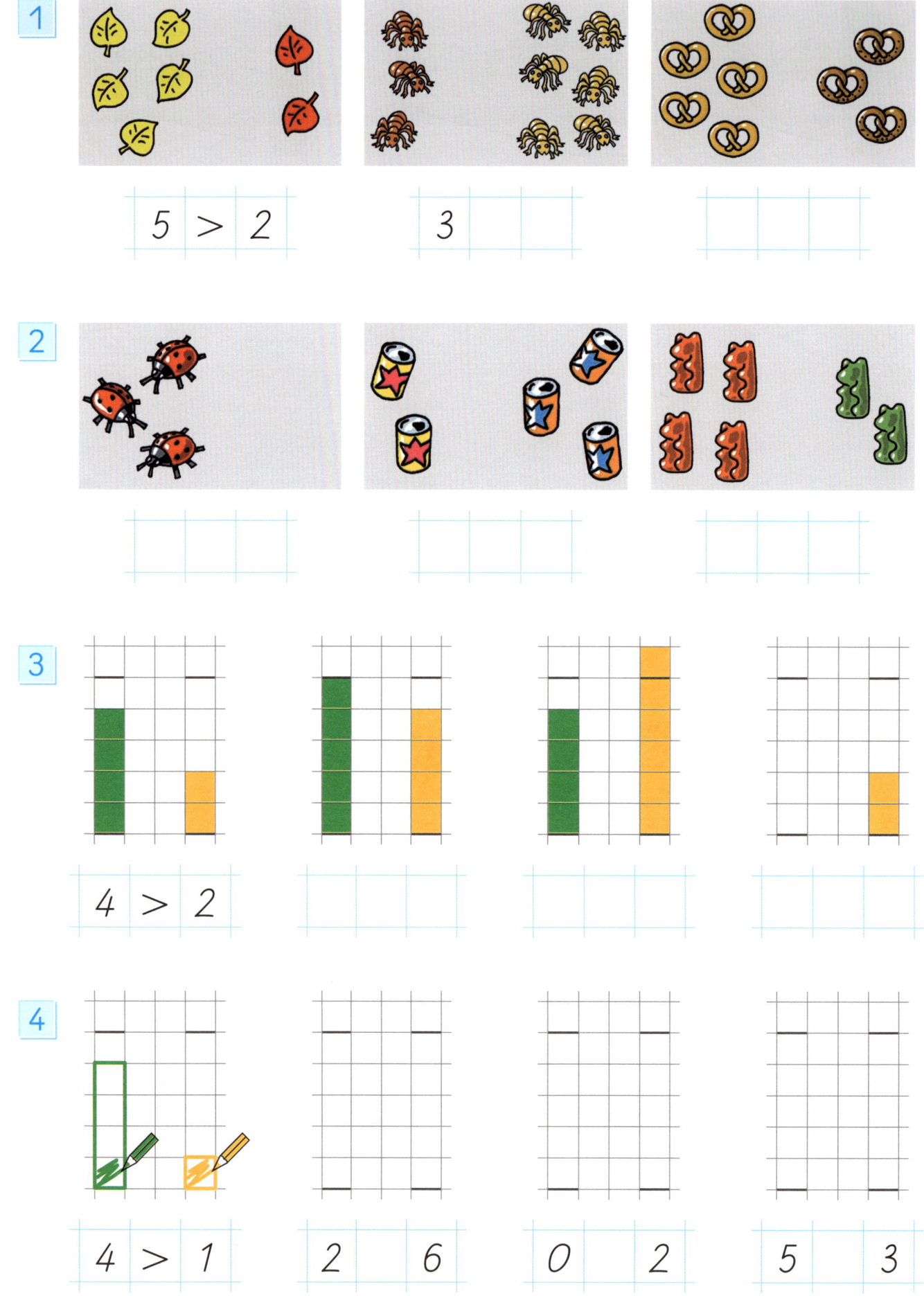

Gleich

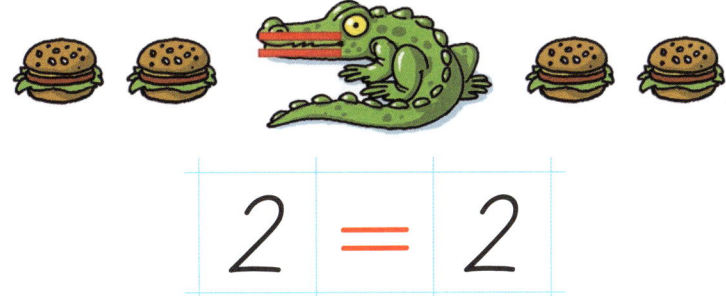

2 = 2

1

3 =   =

2

3

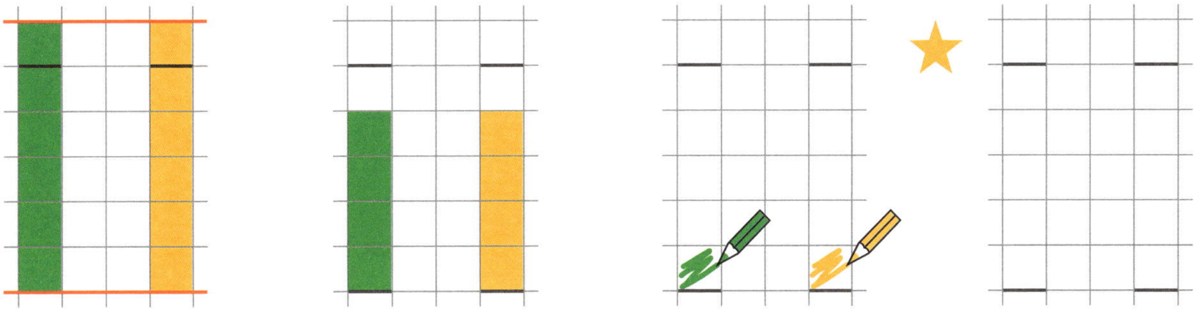

6   5 5   =

Vergleichen

1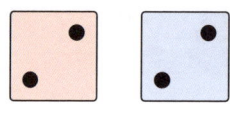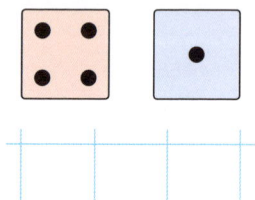

5 > 4   3 <

2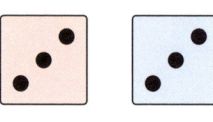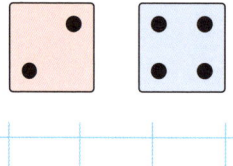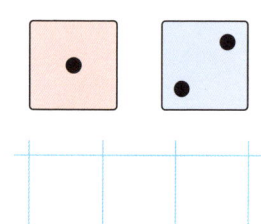

3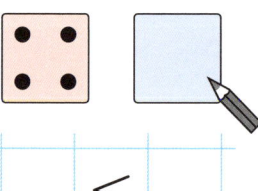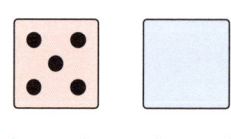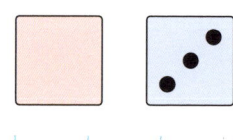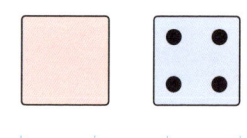

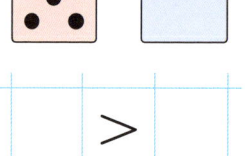 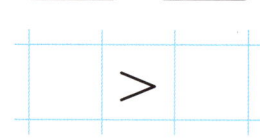

   <   >   >   <

4 6   3   5   6   2   2   3   0

   4   4   3   2   0   3   2   5

5 2   4   1   1   5   3   0   4

   3   5   2   0   2   3   6   5

6 ⭐

1

2

3

4

6 > ■ | 4 > ■ | 5 > ■

1 2 3 6 4 5 0

6 0 2 5 3 1 4

0 4 6 3 1 2 5

5

3 < ■ | 1 < ■ | 4 < ■

0 2 6 3 4 5 1

6 0 2 5 3 1 4

1 0 2 6 4 3 5

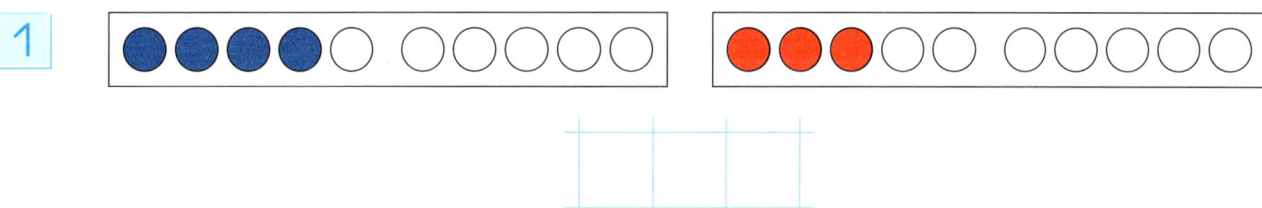

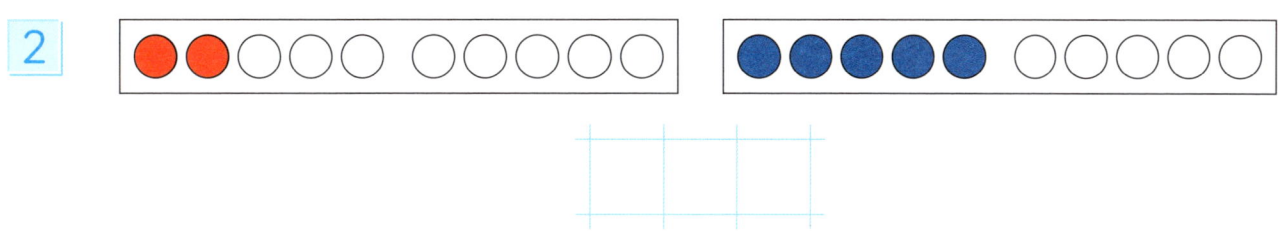

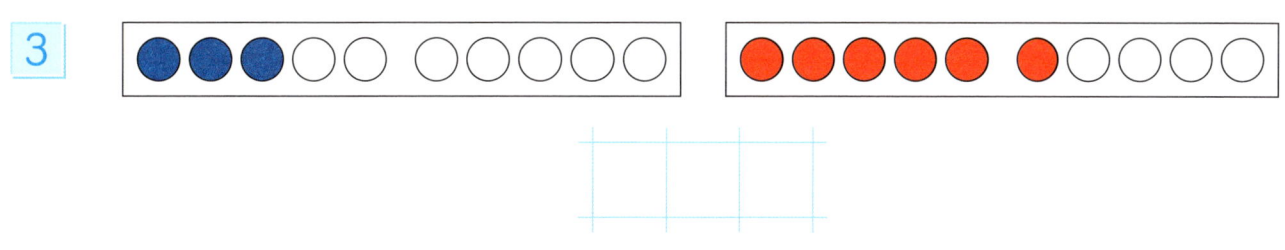

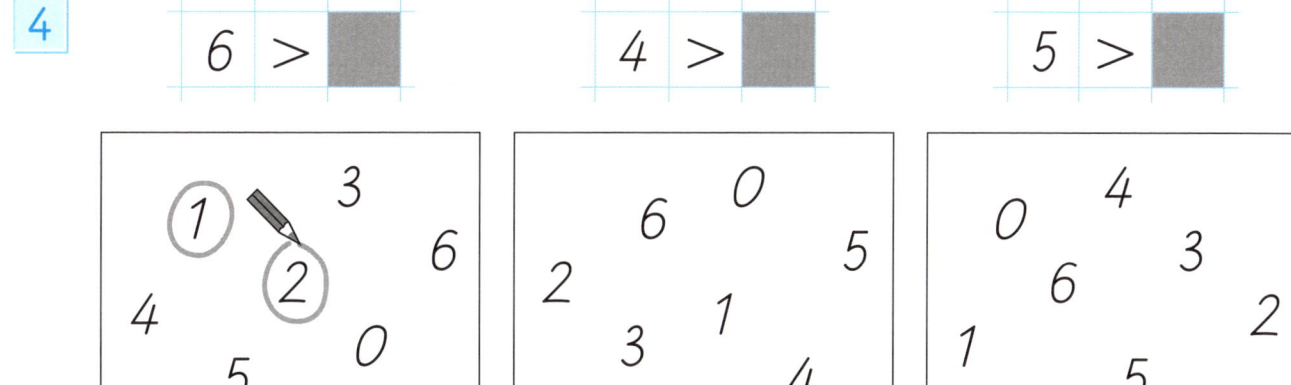

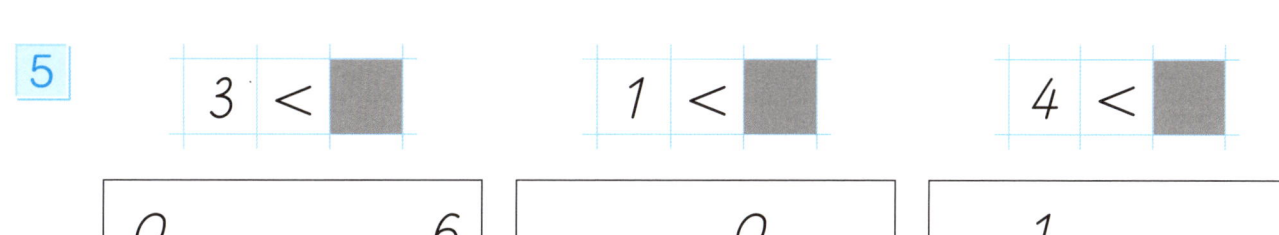

1
5 < ☐   ☐ > 4   6 > ☐   ☐ < 3
☐ = 4   ☐ > 5   1 < ☐   4 < ☐

2
1 < ☐   4 > ☐   3 = ☐   2 < ☐
1 > ☐   5 < ☐   6 > ☐   0 = ☐

3
☐ > 4   ☐ = 6   ☐ < 2   ☐ > 3
☐ < 4   ☐ > 5   ☐ > 0   ☐ < 5

4
6 = ☐   2 < ☐   ☐ > 2   ☐ = 4
☐ < 3   ☐ > 4   5 > ☐   3 < ☐

5
1 > ☐   ☐ < 2   ☐ > 4   5 > ☐
3 < ☐   2 > ☐   ☐ = 5   ☐ < 6

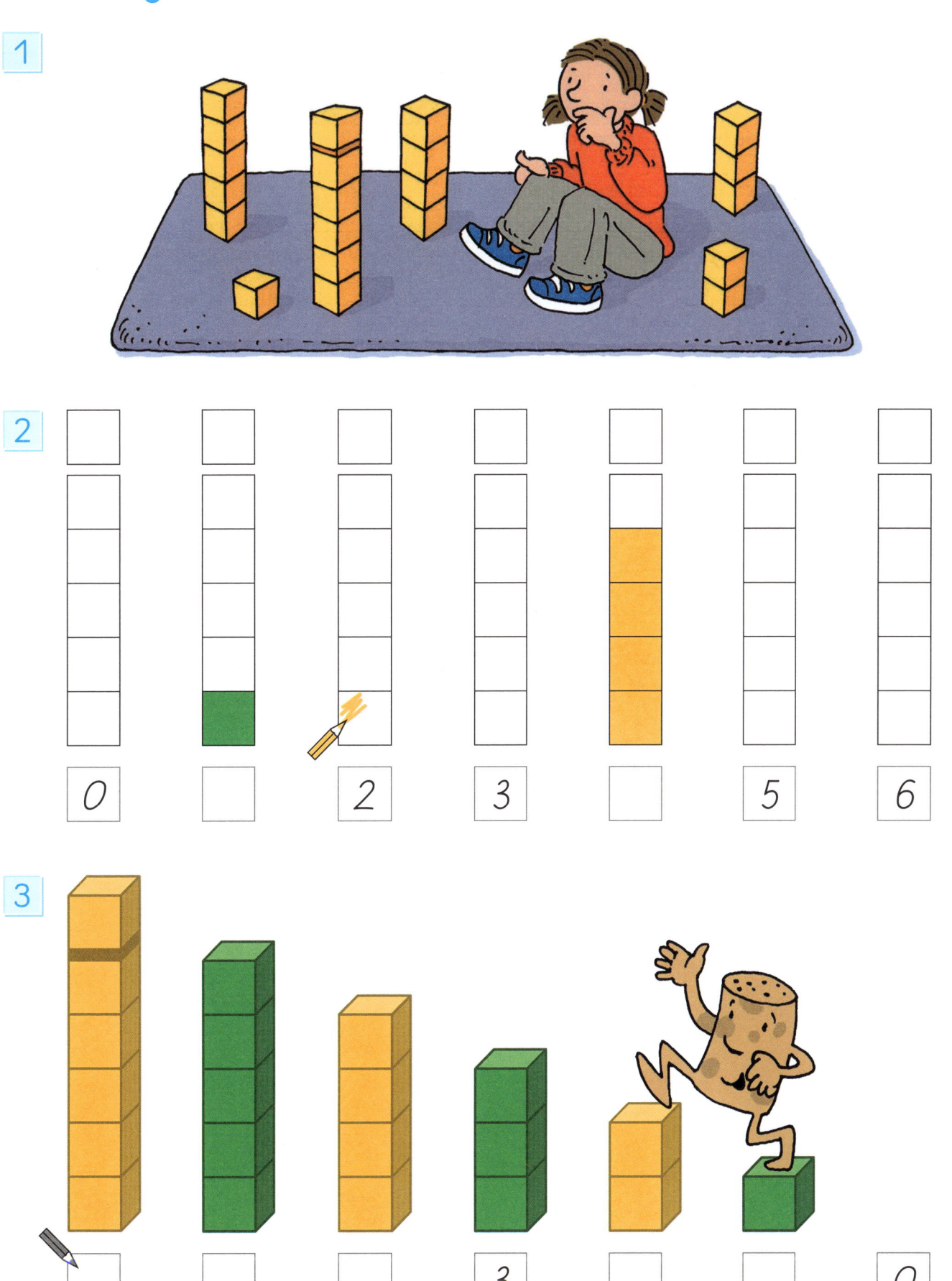

1

| 0 | | | | | | |

2

3

| 2 | 1 | 5 | 6 | 0̸ | 3 | 4 | | 5 | 3 | 6 | 1̸ |
| 0 | | | | | | | | 1 | | | |

4

| 4 | 5 | 2 | 3 | 0 | 1 | | 4 | 5 | 0 | 6 |
| | | | | | | | | | | |

Nachbarzahlen und Zahlenfolgen

1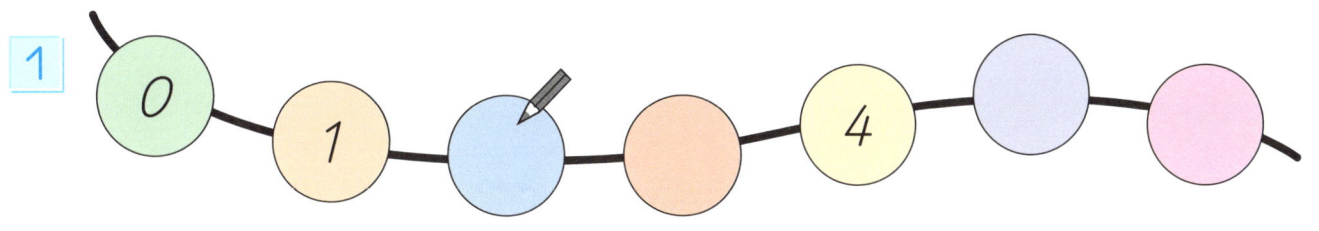

2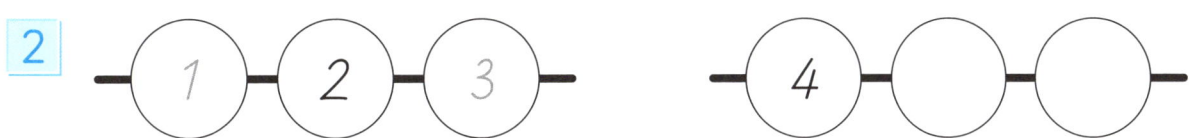

3

4

5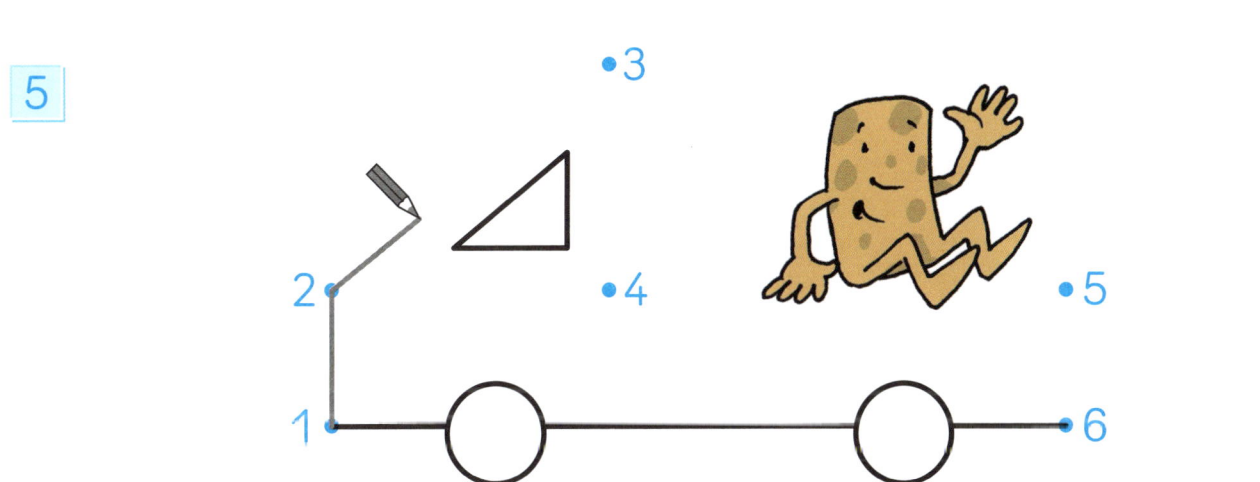

Vorgänger und Nachfolger

1

—(1)—( )—

2

—(3)—( )—   —(4)—( )—   —(5)—( )—

—(2)—( )—   —(1)—( )—   —(0)—( )—

3

—( )—(2)—

4

—( )—(3)—   —( )—(4)—   —( )—(5)—

—( )—(6)—   —( )—(2)—   —( )—(1)—

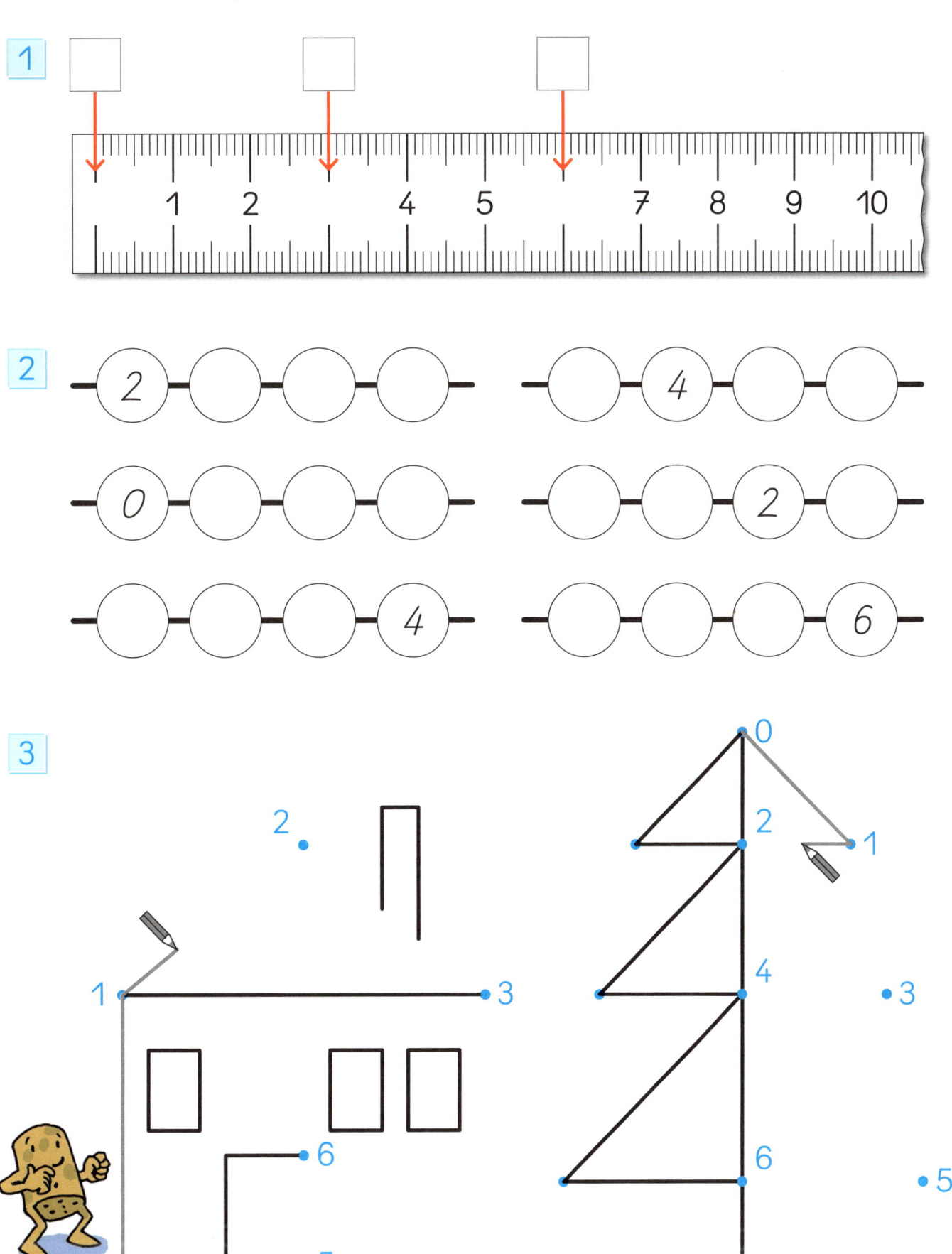

Zahl 4 zerlegen

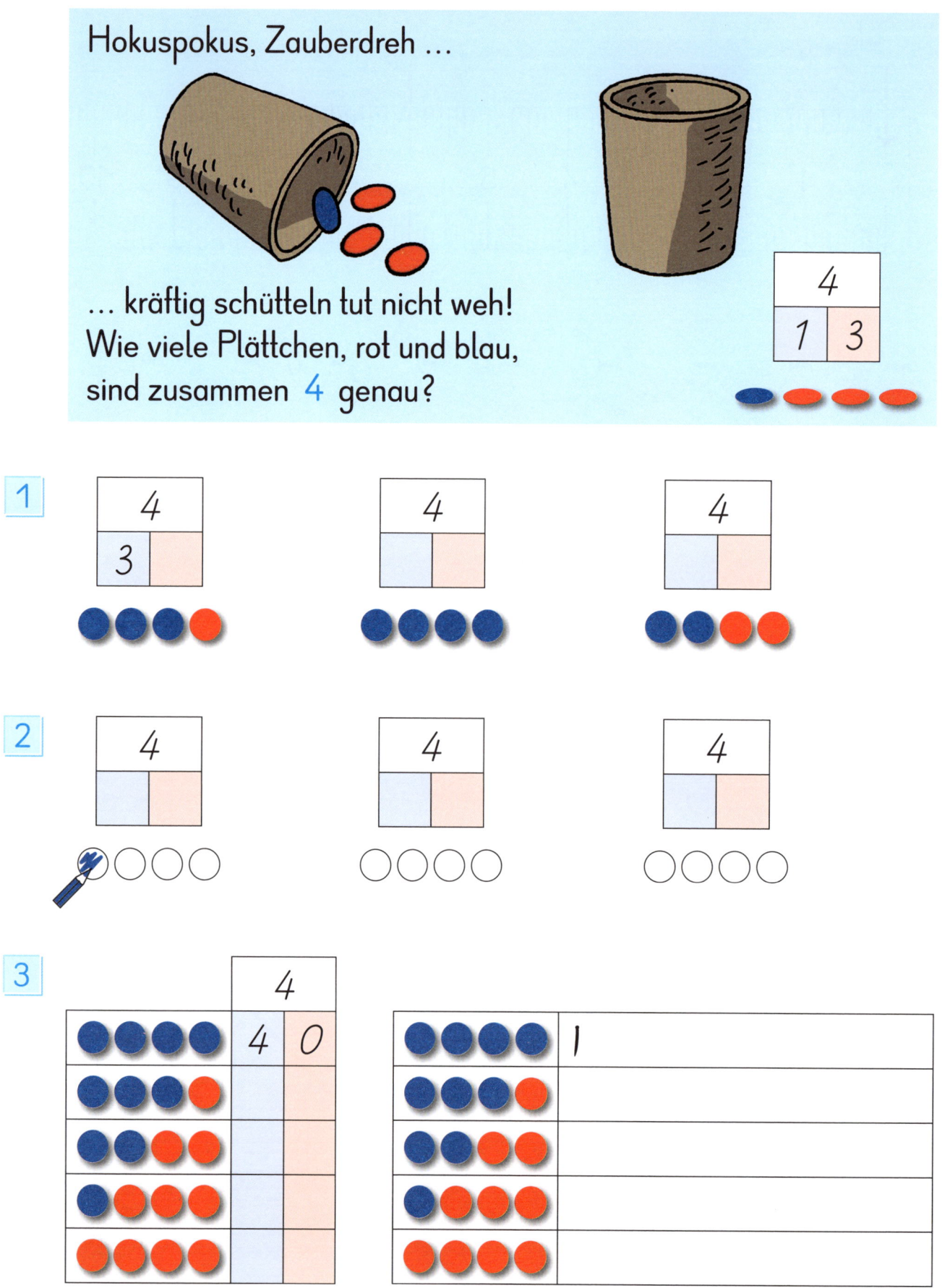

16
2 Zahl 4 mit Schütteldose und Wendeplättchen zerlegen; entstandene Zerlegungen malen und aufschreiben
3 Zerlegungen mit Schütteldose und Wendeplättchen häufig wiederholen; Häufigkeit der Zerlegungen in Strichlisten notieren

Zahlen 5 und 6 zerlegen

Hokuspokus, Zauberdreh, kräftig schütteln tut nicht weh!

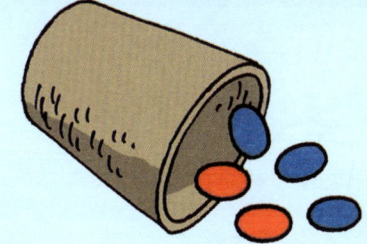 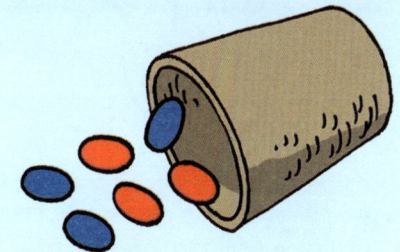

Wie viele Plättchen, rot und blau …

… sind zusammen 5 genau?   … sind zusammen 6 genau?

1

5			
5	0	●●●●●	I
4	1	○○○○○	
3	2	○○○○○	
2	3	○○○○○	
1	4	○○○○○	
0	5	○○○○○	

2

6			
6	0	○○○○○ ○	I
5		○○○○○ ○	
4		○○○○○ ○	
3		○○○○○ ○	
2		○○○○○ ○	
1		○○○○○ ○	
0		○○○○○ ○	

Zahl 5 bzw. 6 mit Schütteldose und Wendeplättchen zerlegen, häufig wiederholen; Häufigkeit der Zerlegungen in Strichlisten notieren

Zahlen bis 6 zerlegen

6	
4	2

1

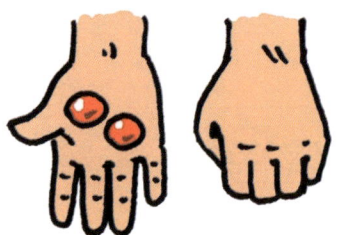

6	
2	

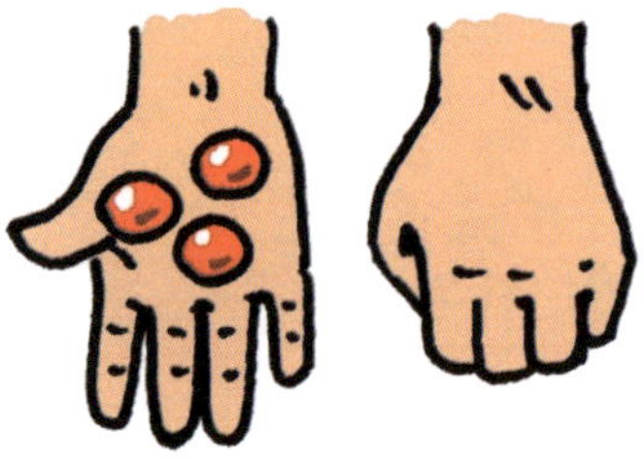

6	

5	

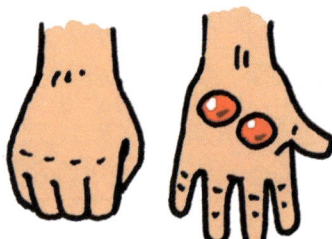

2

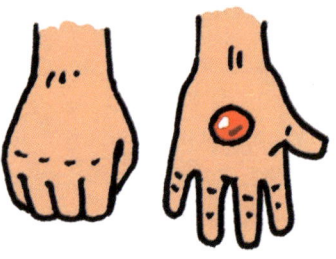

5	

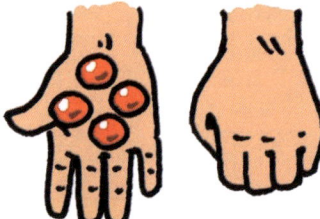

4	

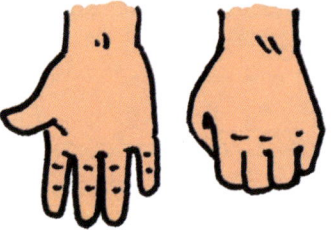

4	

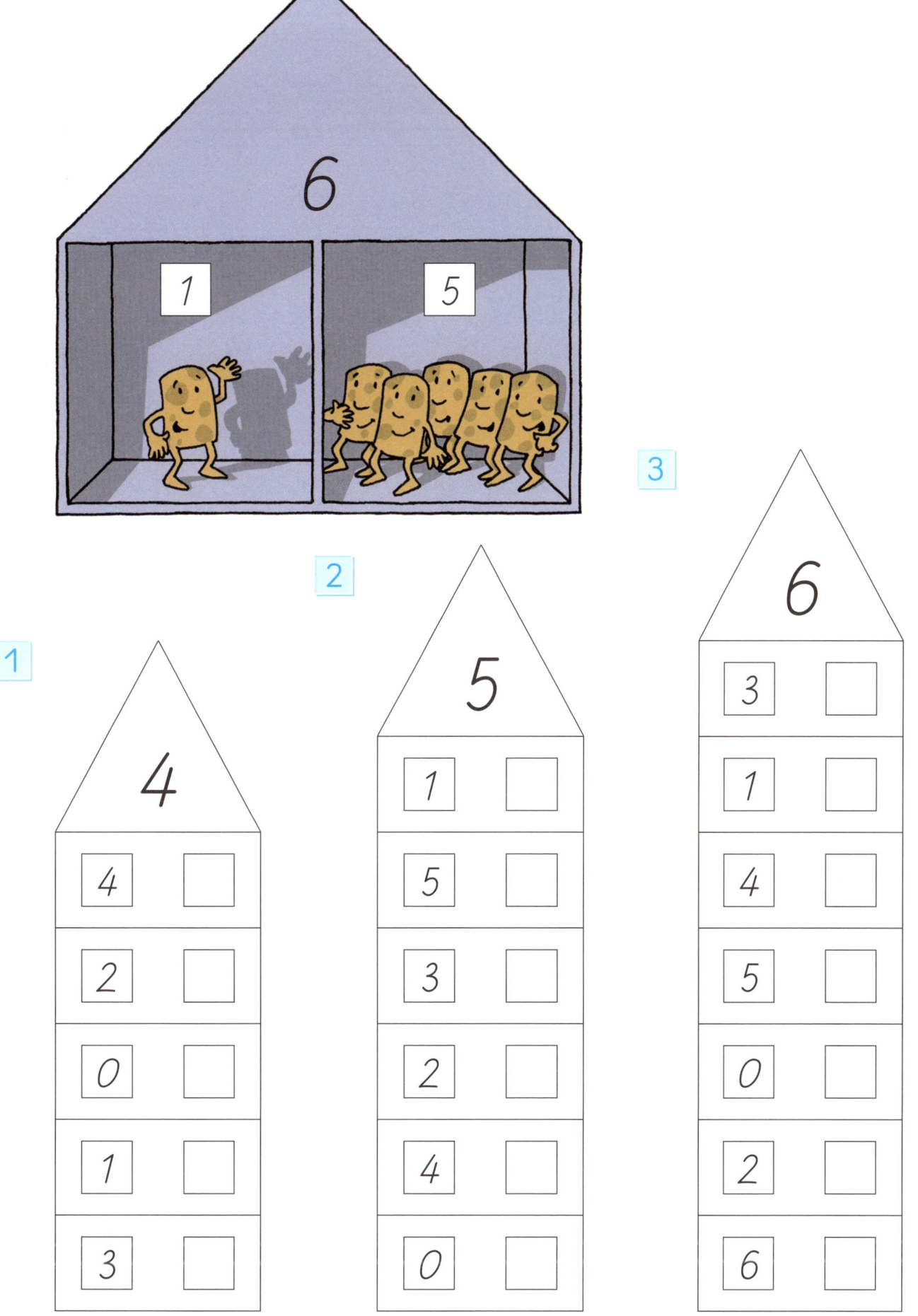

im Dach der Zahlenhäuser angegebene Zahl zerlegen; im rechten Fenster fehlende Zahl ergänzen; evtl. mit Wendeplättchen und Blanko-Zahlenhaus legen

Bildergeschichten:

1

2

3

Bildergeschichten erzählen, dabei Begriffe der zeitlichen Abfolge benutzen: zuerst, dann etc.;
Reflektieren: Wie war es am Anfang? Was passierte? Wie ist es am Schluss?

etwas wird mehr – etwas wird weniger

4

5

6

weitere Bildergeschichten malen und fotografieren; Geschichten den Kategorien „wird mehr" und „wird weniger" zuordnen

Plus

es wird mehr   plus   etwas kommt dazu

2   + 3   =   5

1

2

3

22 zu einer Bildergeschichte, bei der etwas mehr wird, gibt es eine Plus-Aufgabe
1 Pluszeichen mit vielen bunten Farben nachspuren   2, 3 in jedes Kästchen ein Pluszeichen schreiben

Minus

es wird weniger   minus   **etwas wird weggenommen**

    3   − 3   =   0

1

2

3

zu einer Bildergeschichte, bei der etwas weniger wird, gibt es eine Minus-Aufgabe
1 Minuszeichen mit vielen Farben nachspuren   2, 3 in jedes Kästchen ein Minuszeichen schreiben

23

Plusaufgaben

3 + 2 = 5

1

2 + 1 =

_ + _ = _

2

_ + _ = _

_ + _ = _

$3 + 1 =$

  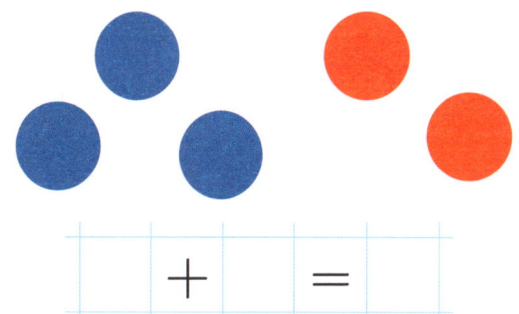

$ + =$

 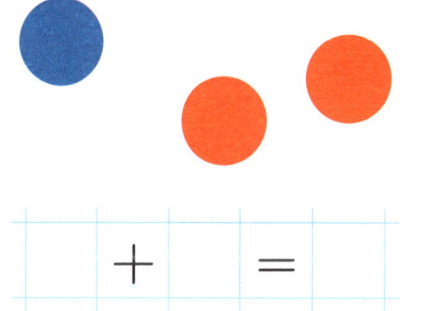

$ + =$

| 1 | | ☐ + ☐ = ☐ |

| 2 | | ☐ + ☐ = ☐ |

| 3 | | ☐ + ☐ = ☐ |

| 4 | | ☐ + ☐ = ☐ |

| 5 | | ☐ + ☐ = ☐ |

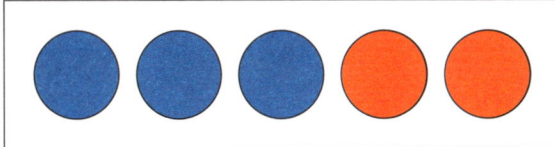 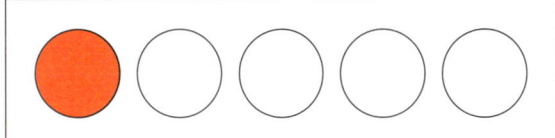

$$3 + 3 = 6$$

1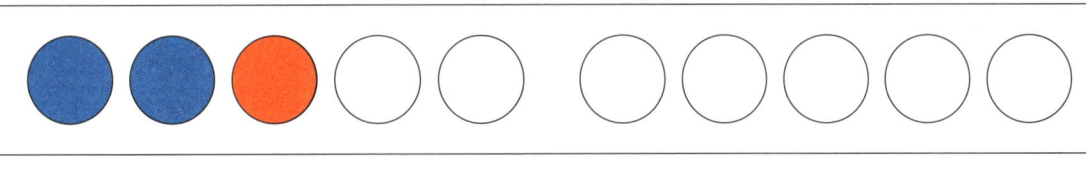

2 + =

2

+ =

3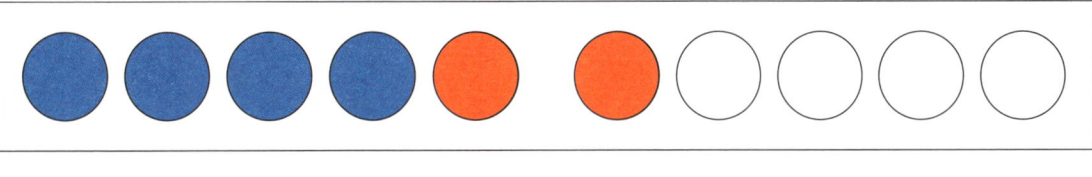

+ =

27

1   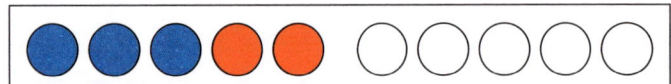   3 + =

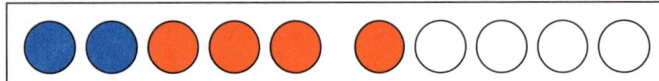   + =

2      + =

    + =

3   + =

    + =

4      + =

    + =

5      + =

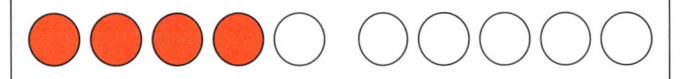   + =

1   1 + 5 =

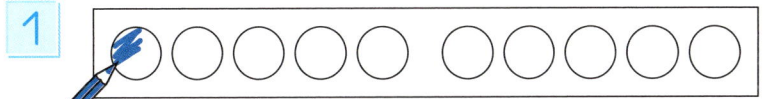

    2 + 3 =

2   6 + 0 =

    0 + 3 =

3   1 + 3 =

    2 + 0 =

4   2 + 2 =

    1 + 4 =

5 ★   + =

        + =

29

Tauschaufgaben

2 + 4 = 6

4 + 2 = 6

1 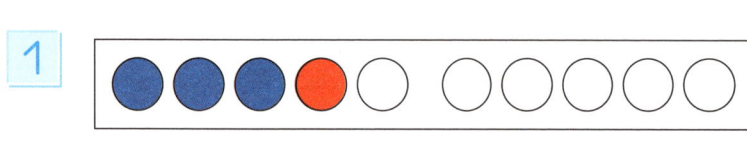   3 + =
                         + =

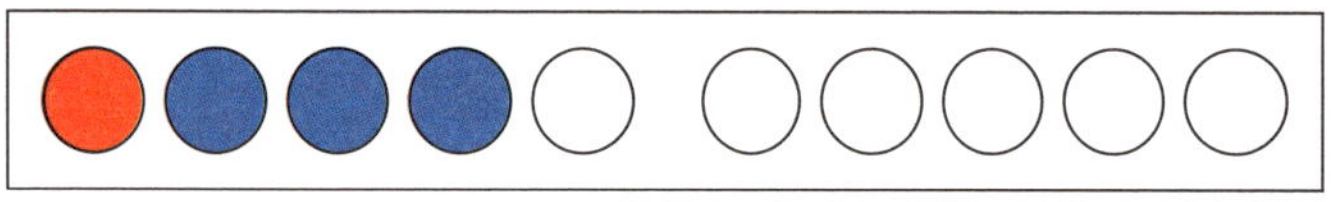

2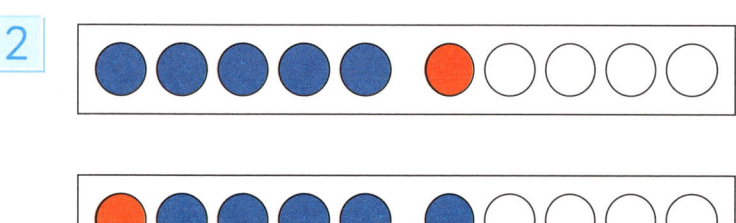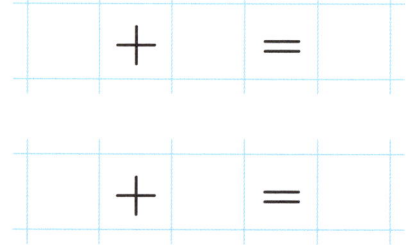

1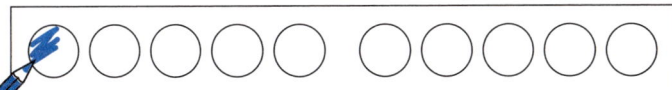

$1 + 2 =$

2

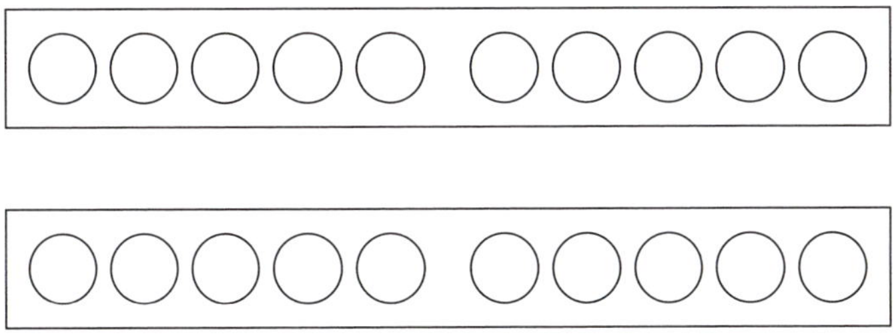

$5 + 0 =$

3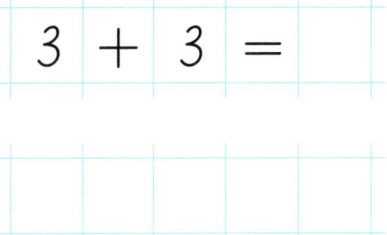

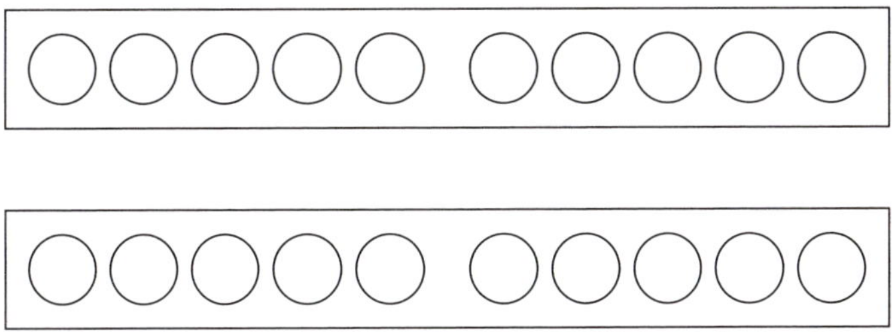

$3 + 3 =$

4 ★

5 ★
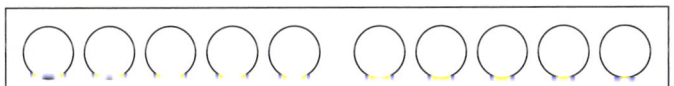

Minusaufgaben

1

$3 - 1 = 2$

2

$4 - 1 =$

3

$4 - =$

1

	−		=	

2

	−		=	

3

	−		=	

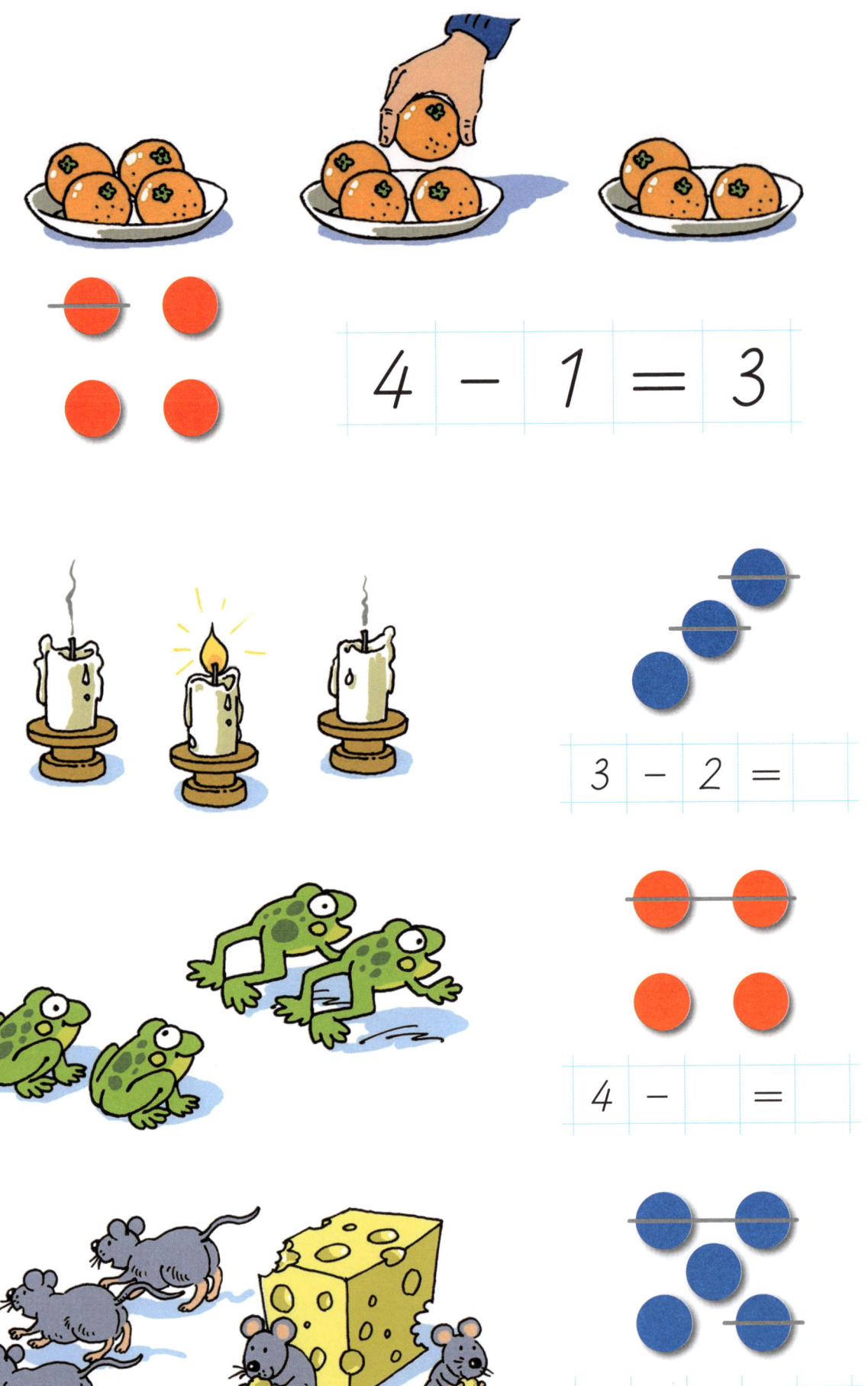

4 − 1 = 3

1. 3 − 2 =

2. 4 − =

3. − =

1

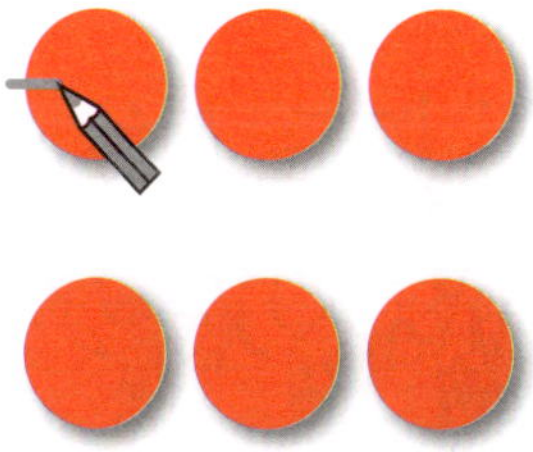

| | − | | = | |

2

| | − | | = | |

3

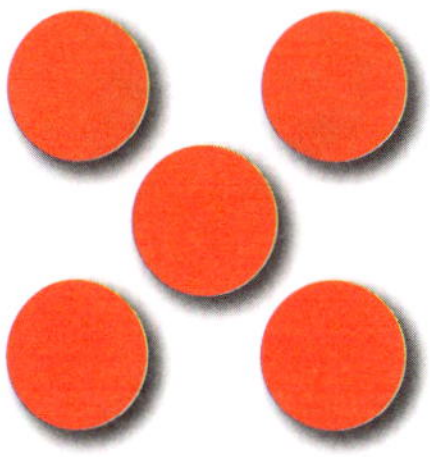

| | − | | = | |

4

| | − | | = | |

5 ★

| 5 | − | 4 | = | |

35

1

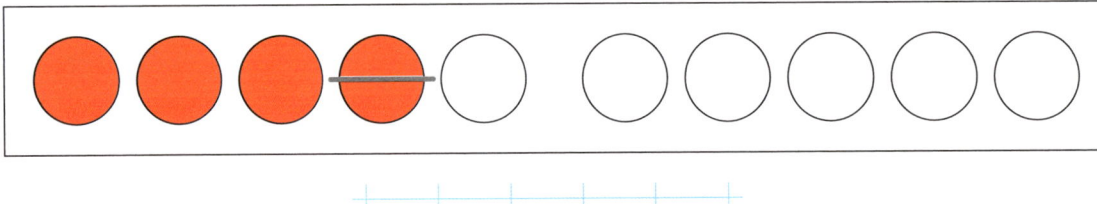

4 − 1 = 3

2

6 − =

3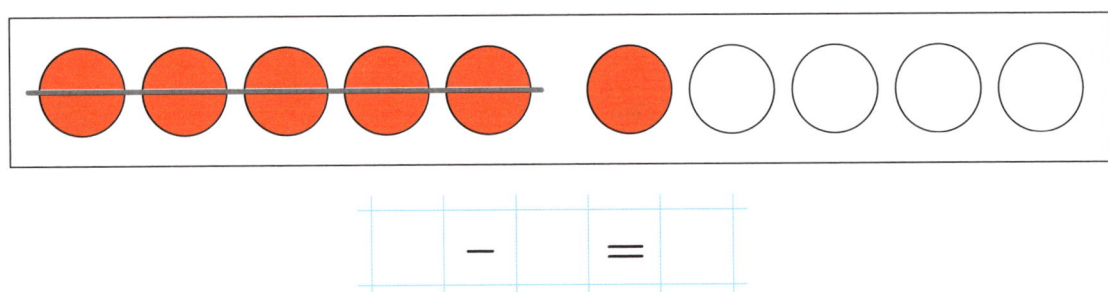

− =

4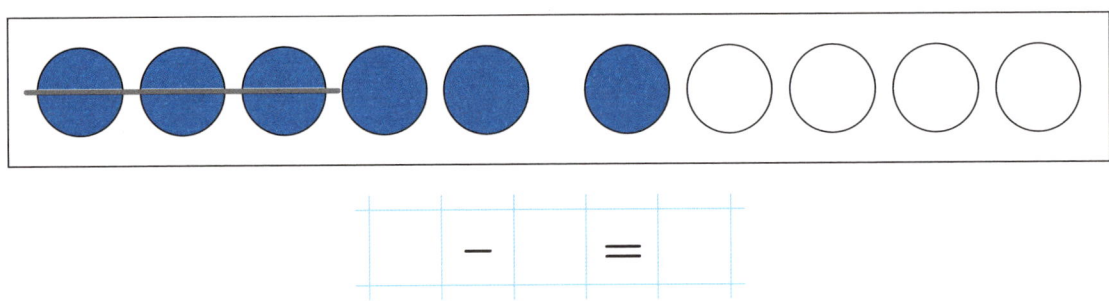

− =

Um einem formalen Einüben vorzubeugen, sollte es den Kindern überlassen bleiben, ob sie von rechts oder links beginnend wegstreichen. Wichtig ist die bewusste Nutzung von Rechenstrategien (Kraft der Fünf).

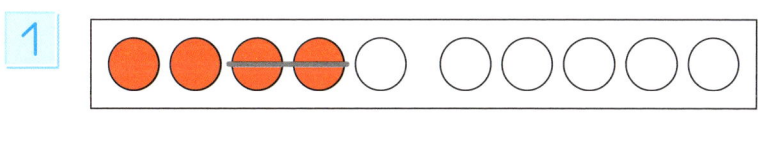

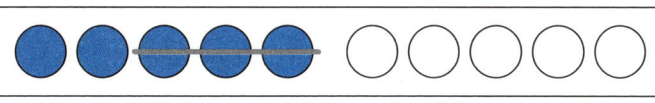

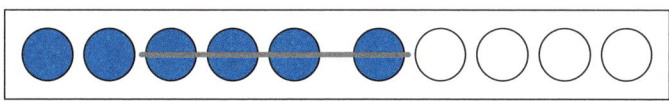

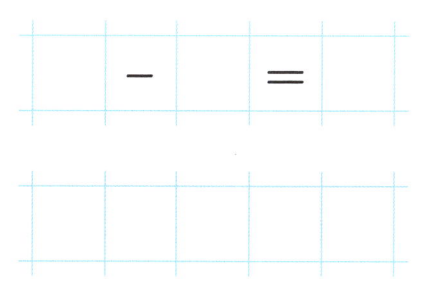

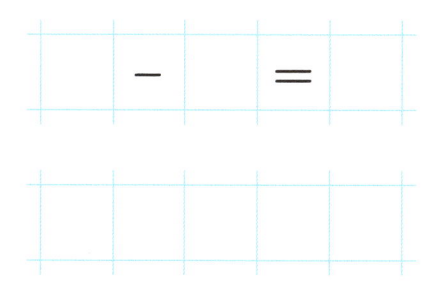

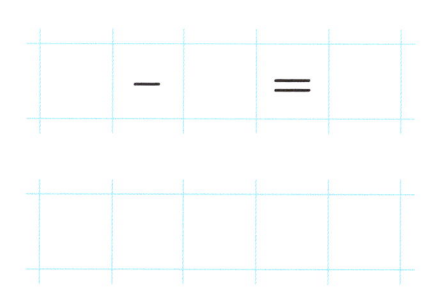

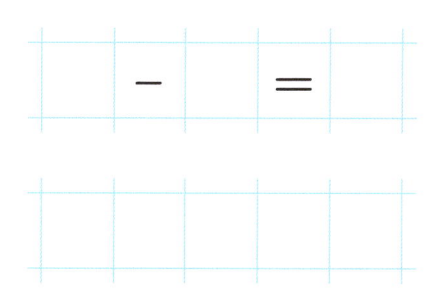

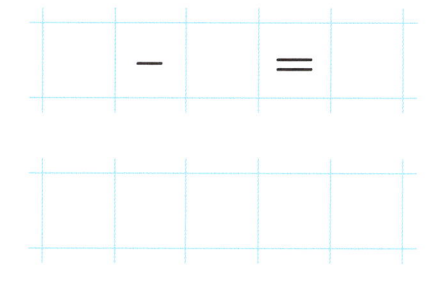

1   — =

2   — =

3   — =

4   — =

5   — =

6 ⭐   6 − 5 =

37

1. 6 − 2 =
   5 − 3 =

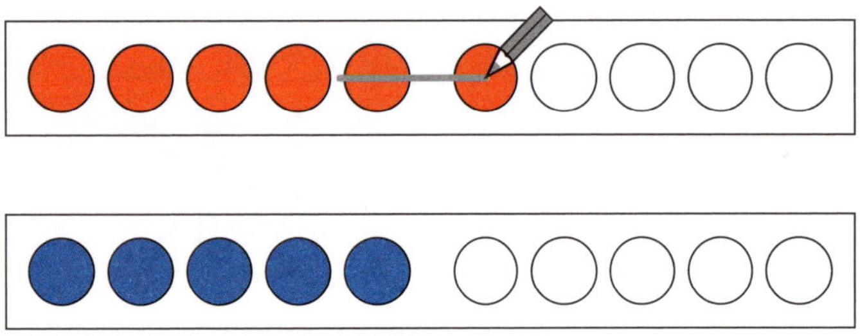

2. 3 − 2 =
   4 − 3 =

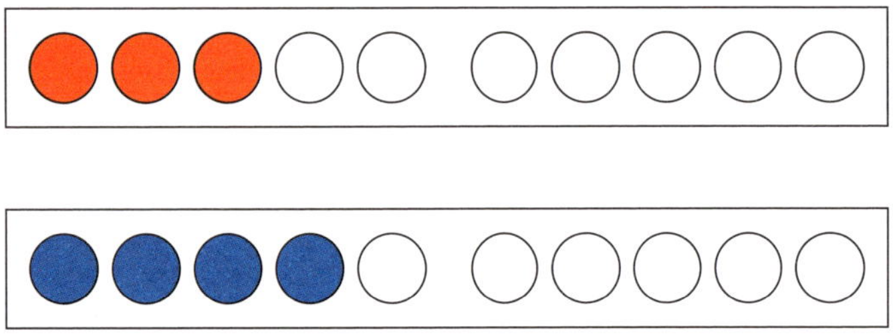

3. 5 − 1 =
   6 − 3 =

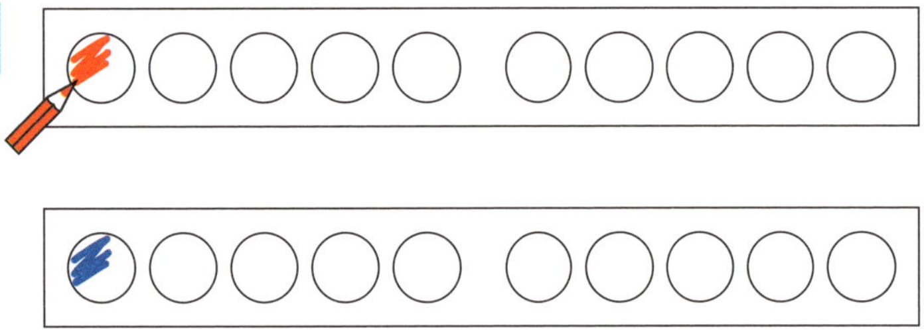

4. 4 − 2 =
   6 − 4 =

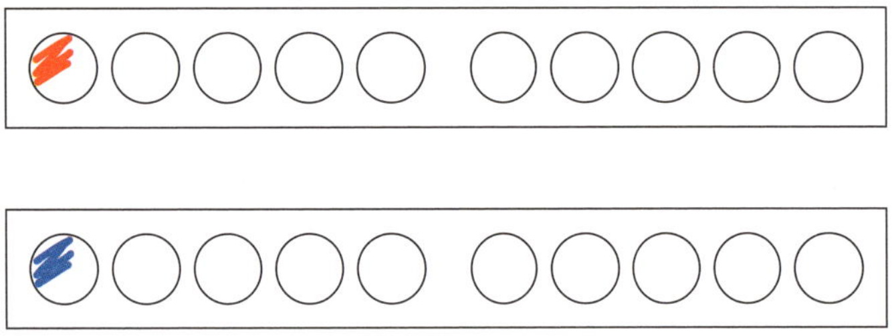

5. 5 − 1 =
   6 − 6 =

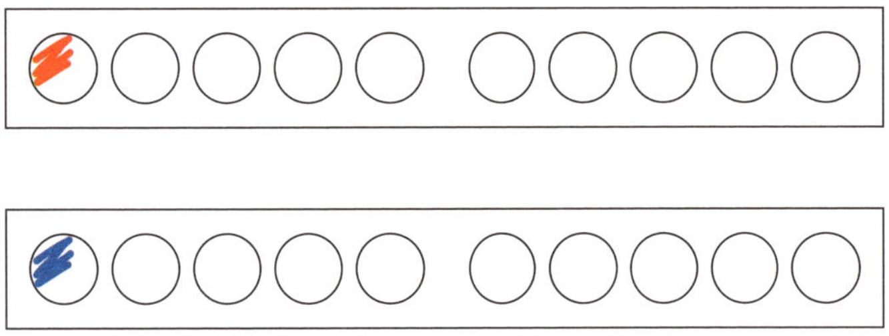

1) 5 − 4 =   4 − 4 =

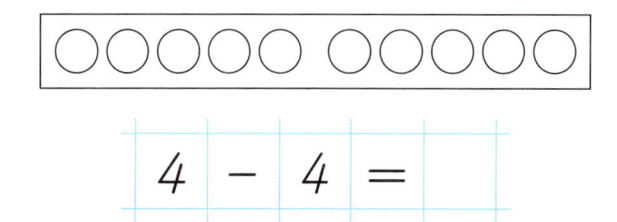

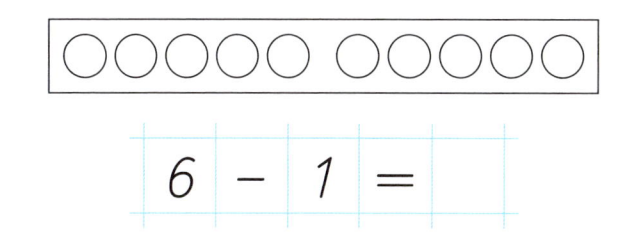

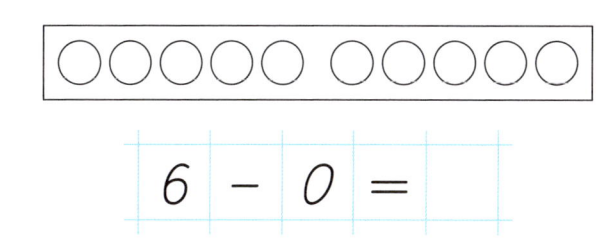

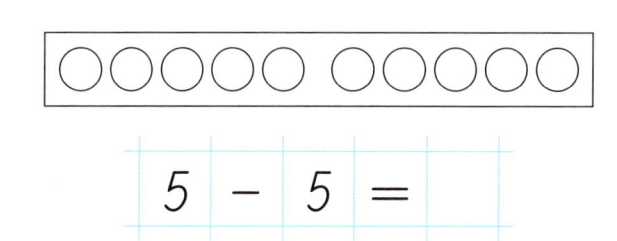

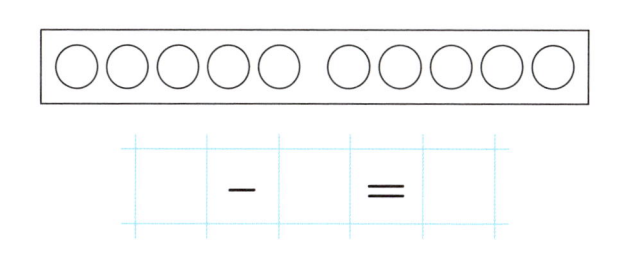

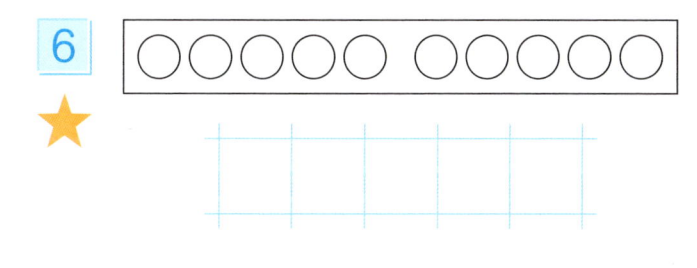

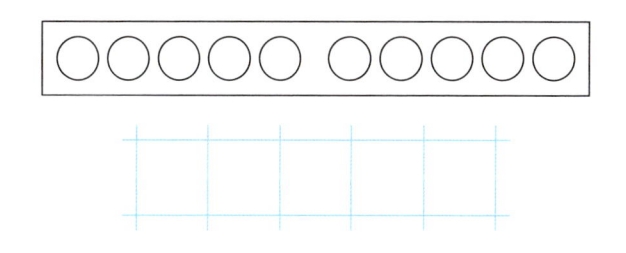

2) 5 − 2 =   6 − 1 =

3) 3 − 3 =   6 − 0 =

4) 4 − 1 =   5 − 5 =

5) − =   − =

6) ⭐

Formen erkennen und zählen

1

2

1 Formen ertasten und beschreiben   2 Formen mit der entsprechenden Farbe ausmalen

die vorgegebenen Formen nachfahren und zählen

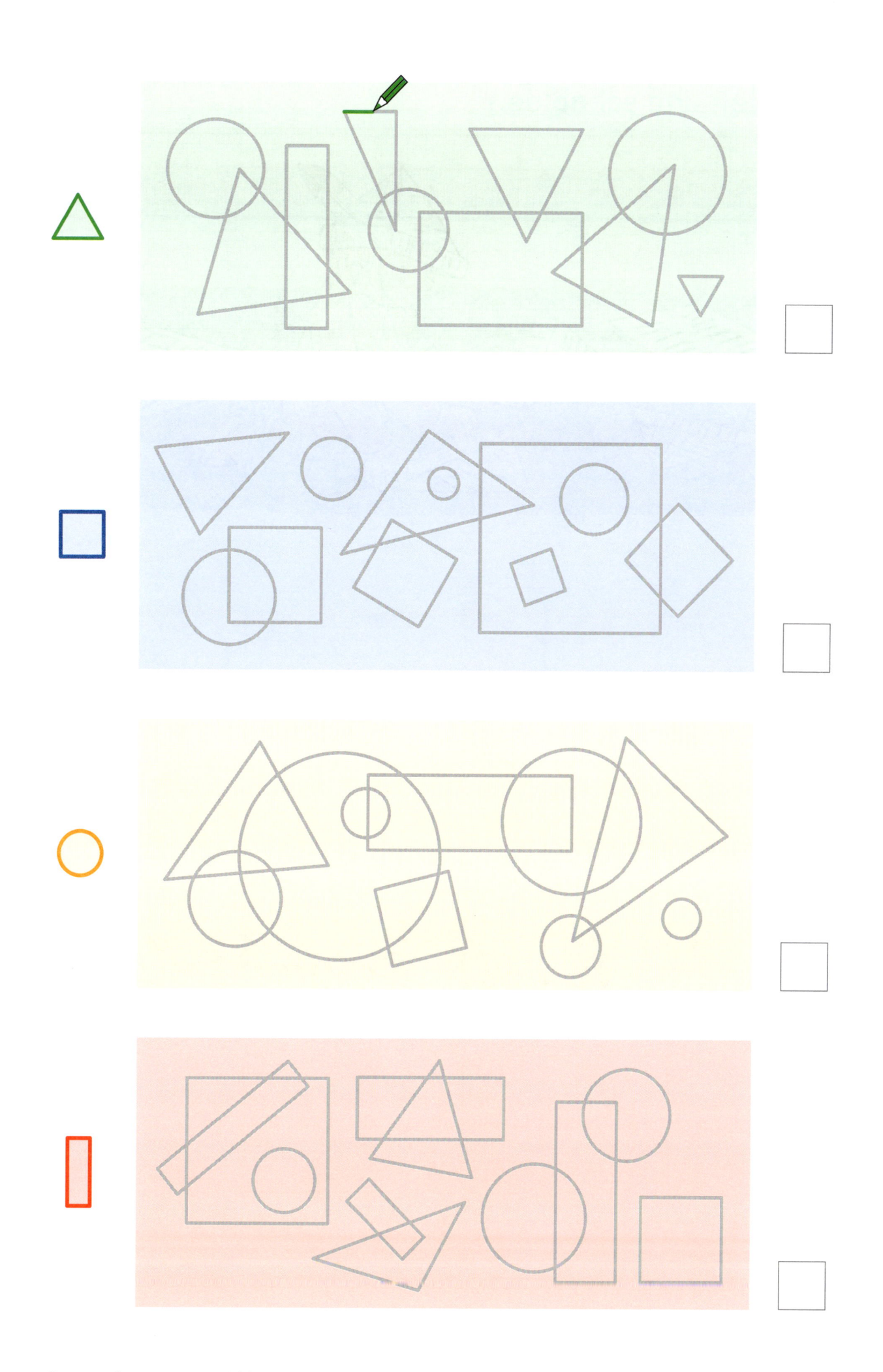

41

Falten und schneiden

aus Zeitungspapier Dreieckshut falten; aus bunten Quadraten (Zettelkasten) neue Formen falten und schneiden

Legen und kleben

Quadrat, Häuser und Leiste mit den Formen von Seite 42 auslegen und aufkleben; verschiedene Möglichkeiten zulassen

Plusaufgaben

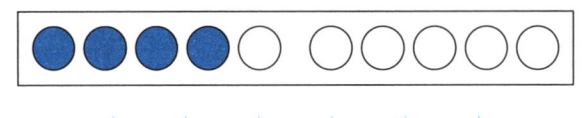

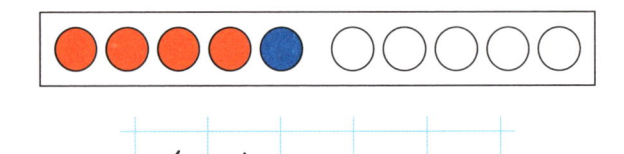

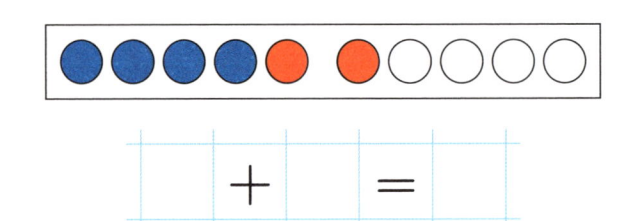

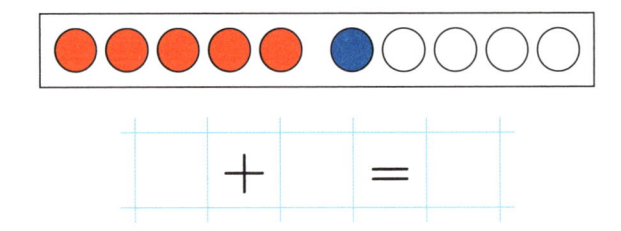

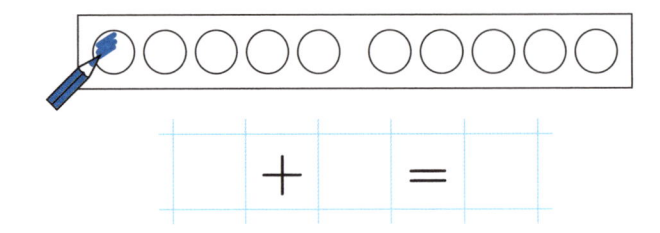

1 ●●●●○ ○○○○○   4 + 0 =

2 ●●●●● ○○○○○   4 + =

3 ●●●●● ●○○○○   + =

4 ●●●●● ●○○○○   + =

5 ○○○○○ ○○○○○   + =

1 3 + 0 =   3 + =

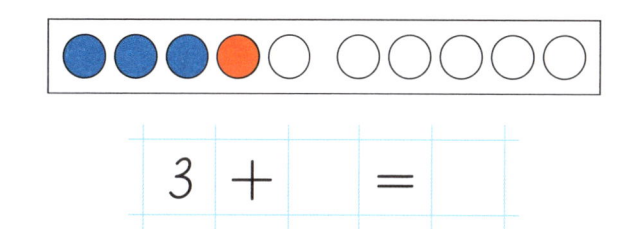

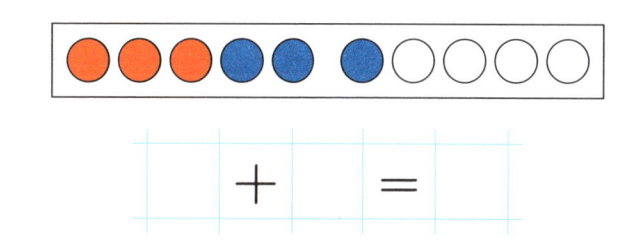

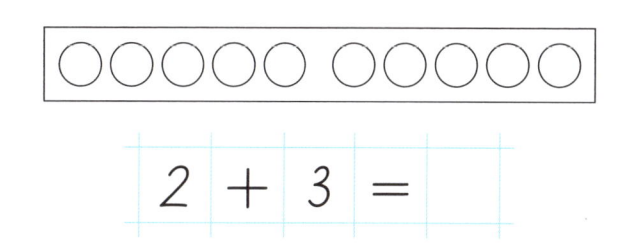

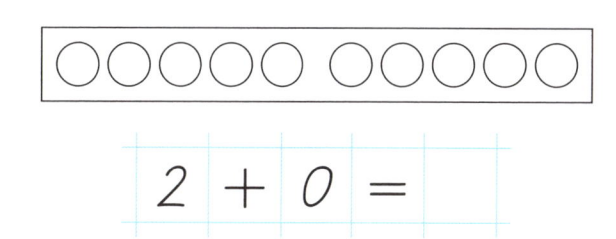

2 + =   + =

3 2 + 2 =   2 + 3 =

4 2 + 4 =   2 + 0 =

5 Rechengeschichten erzählen; Aufgaben bilden, im Zehnerfeld darstellen und lösen

45

1. 2 + 1 =   2 + 2 =

2. 2 + 3 =   2 + 4 =

3. 5 + 0 =   5 + 1 =

4. 4 + 2 =   1 + 4 =

5. 4 + 0 =   0 + 3 =

6. ⭐ ___ + ___ = ___   ___ + ___ = ___

Zerlegen

1

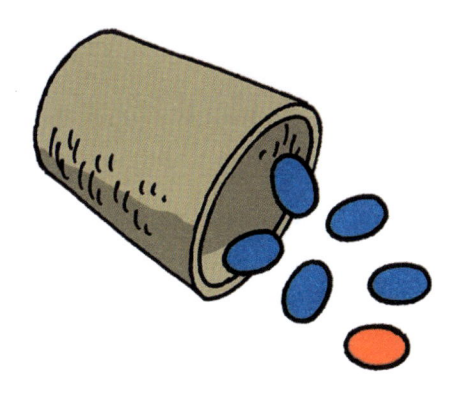

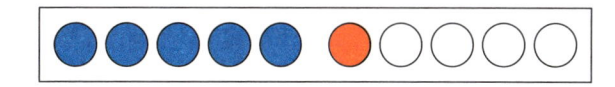

6 = 5 + 1

Immer 6

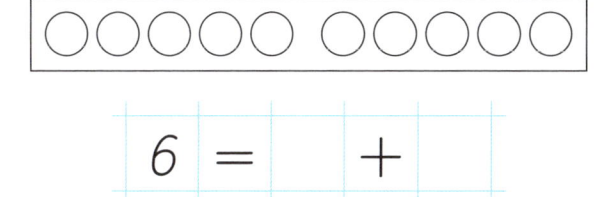

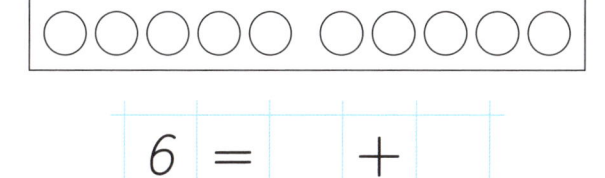

2

6 = +   6 = +

3

6 = +   6 = +

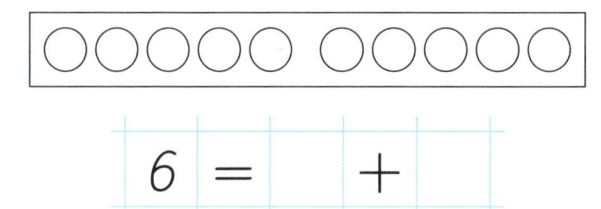

4

6 = +   6 = +

Immer 4

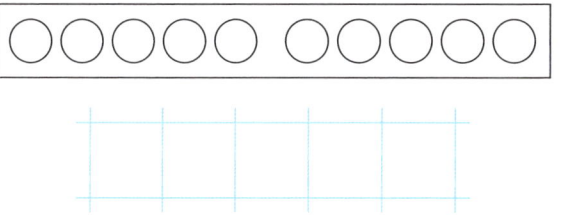

5 ★

ausgehend von einer Spielsituation (Schüttelbecher mit Wendeplättchen) bekannte Zerlegeaufgaben erfassen bzw. bilden, zeichnen und lösen

47

Minusaufgaben

1. 4 − 2 =

2. 5 − =

3. − =

4. − =

5. − =

1 4 − 3 =   4 − =

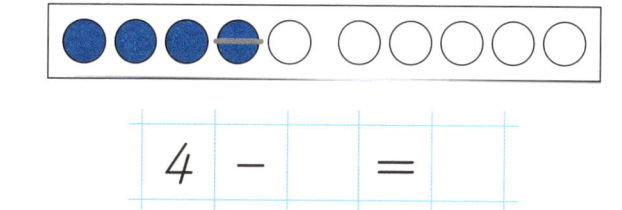

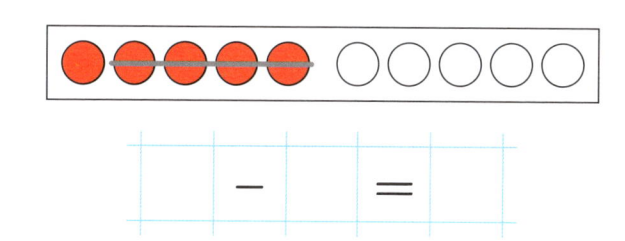

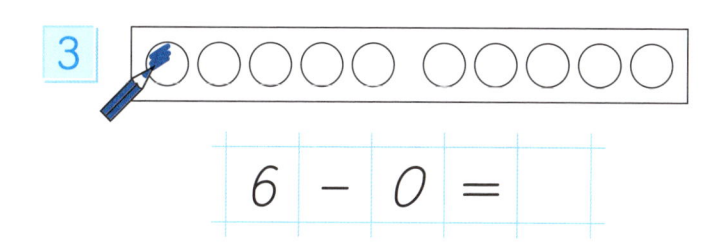

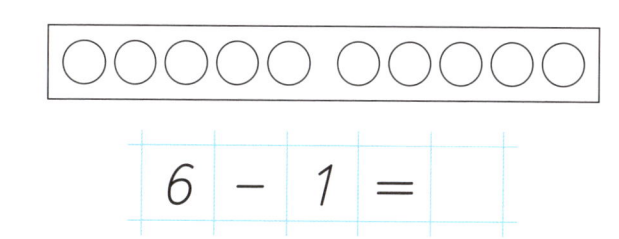

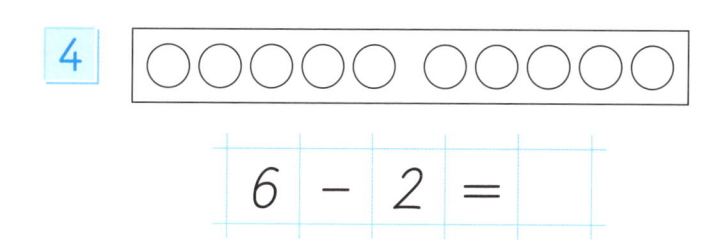

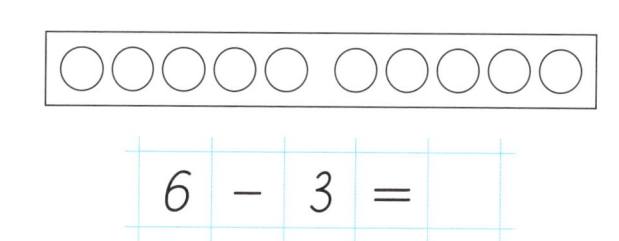

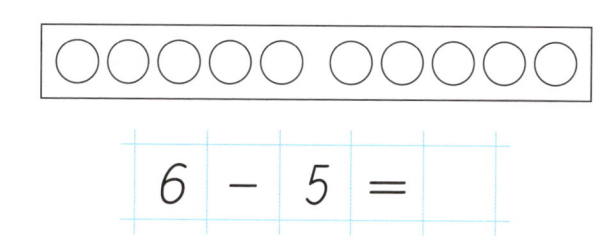

2 − =   − =

3 6 − 0 =   6 − 1 =

4 6 − 2 =   6 − 3 =

5 6 − 4 =   6 − 5 =

6

6 Rechengeschichte erzählen; Aufgabe bilden, im Zehnerfeld darstellen und lösen

49

1 6 − 1 =

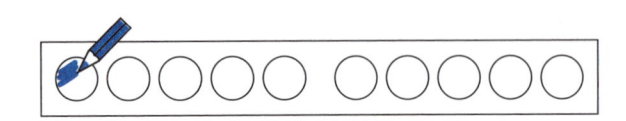

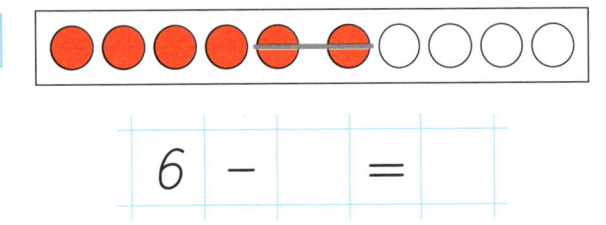

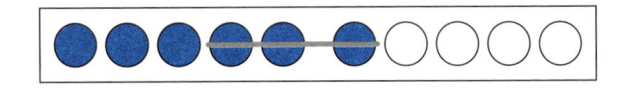

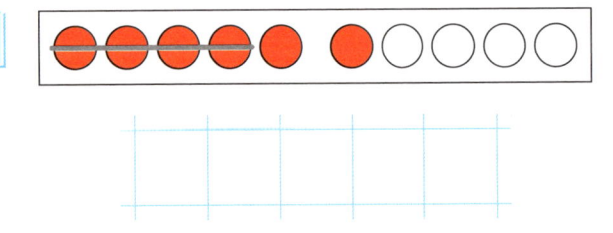

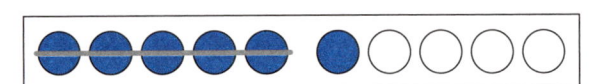

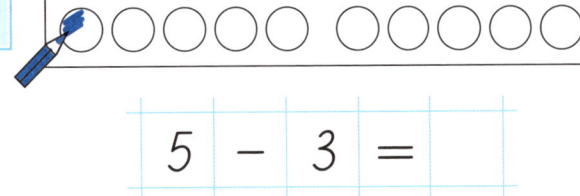

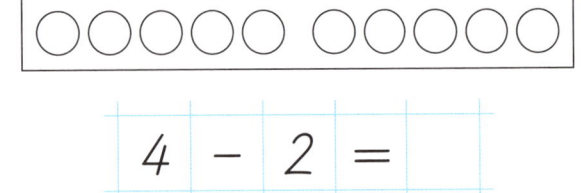

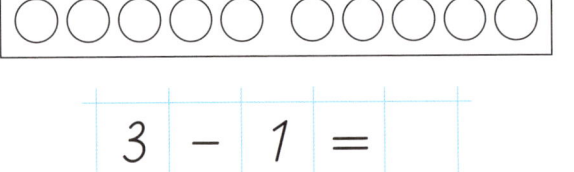

2 6 − = 　　　　6 − =

3

4 5 − 3 = 　　　　5 − 4 =

5 4 − 2 = 　　　　4 − 3 =

6 3 − 1 = 　　　　3 − 2 =

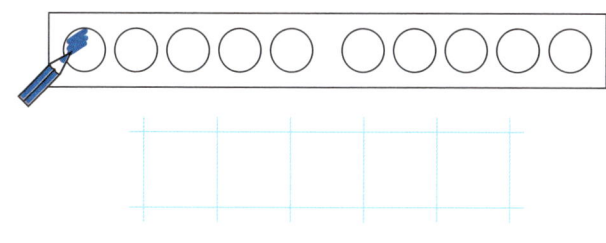

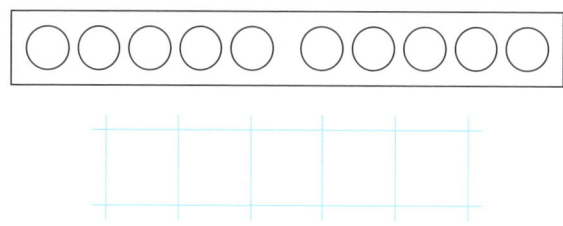

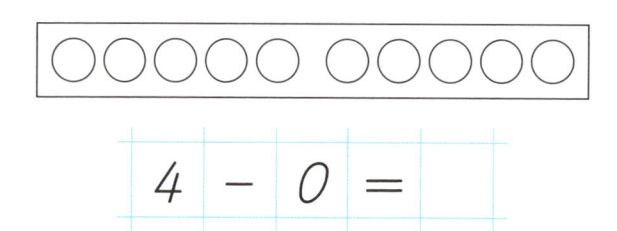

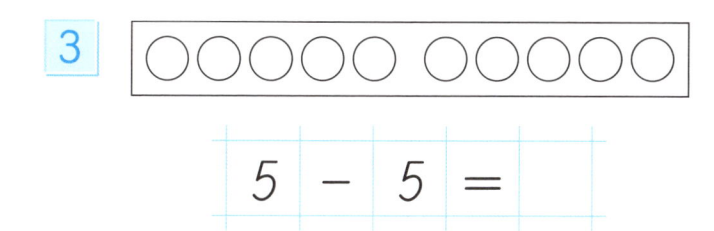

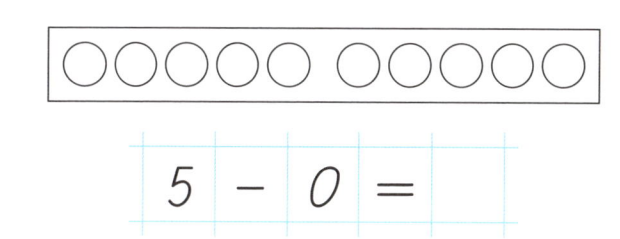

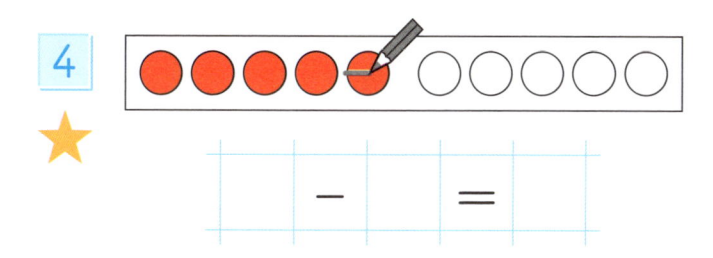

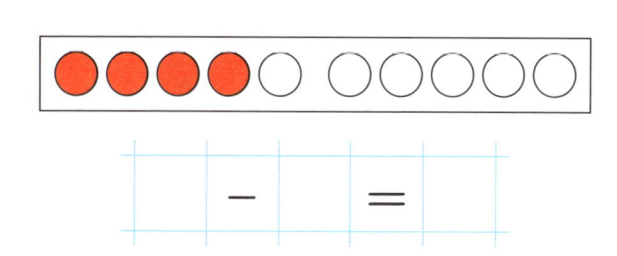

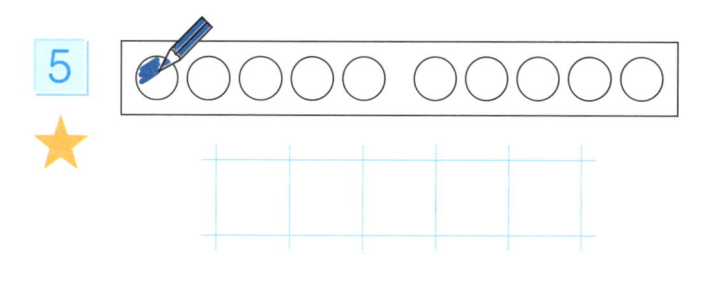

1

2 4 − 4 =   4 − 0 =

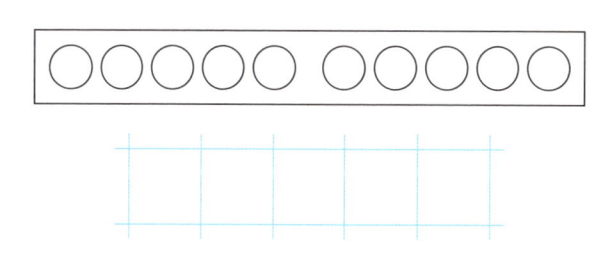

3 5 − 5 =   5 − 0 =

4 ⭐ − =   − =

5 ⭐

1 Rechengeschichten erzählen; Aufgaben bilden, im Zehnerfeld darstellen und lösen

51

Umkehraufgaben

1. 3 − 1 =   2 + 1 =

2. 4 − =   3 + =

3. − =   + =

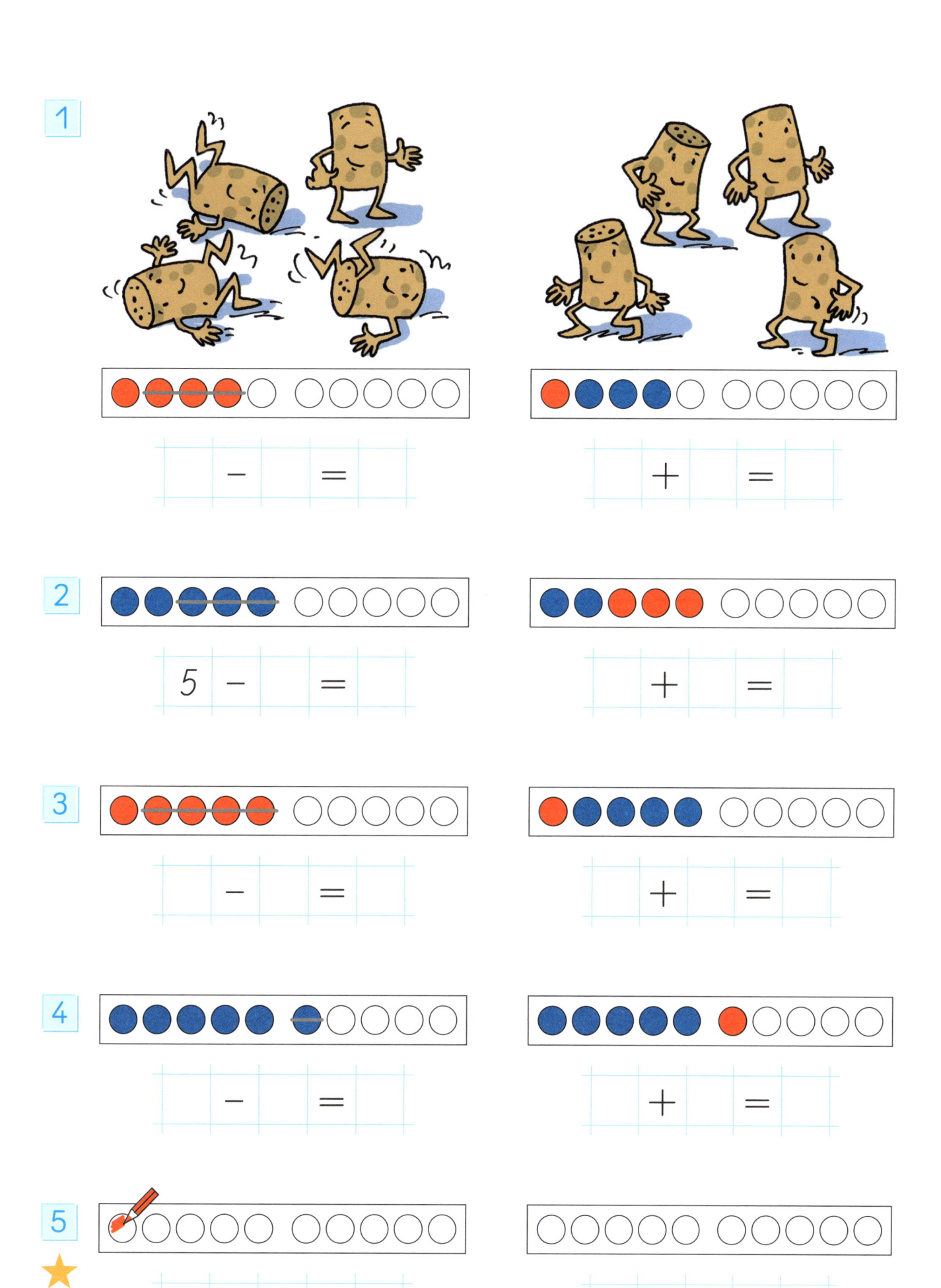

1   − =   + =

2 5 − =   + =

3   − =   + =

4   − =   + =

5 ⭐ 6 − =   + = 6

ausgehend von der vorgegebenen Spielsituation (Kegeln, evtl. mit Korkmännchen) sollen die Umkehrhandlungen (Umfallen – Aufstellen) erfasst und als Umkehroperationen fixiert werden

Plus- und Minusaufgaben

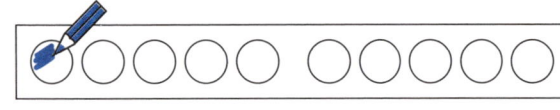

1

☐ + ☐ = ☐   ☐ + ☐ = ☐

2
2 + 1 = ☐   3 + 1 = ☐   2 + 0 = ☐
3 + 2 = ☐   4 + 0 = ☐   2 + 2 = ☐

3

☐ − ☐ = ☐   ☐ − ☐ = ☐

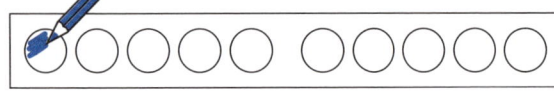

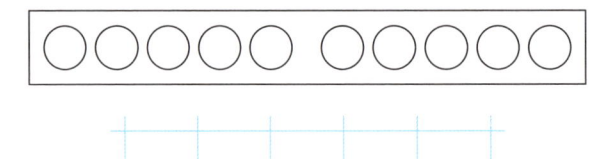

4
5 − 1 = ☐   4 − 3 = ☐   6 − 1 = ☐
3 − 0 = ☐   4 − 2 = ☐   1 − 1 = ☐

1

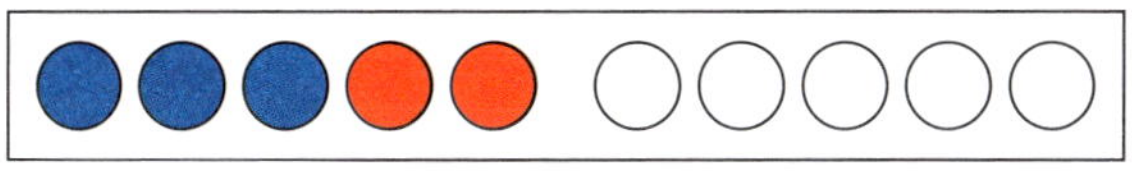

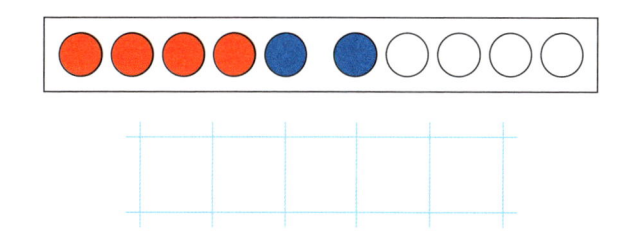

2 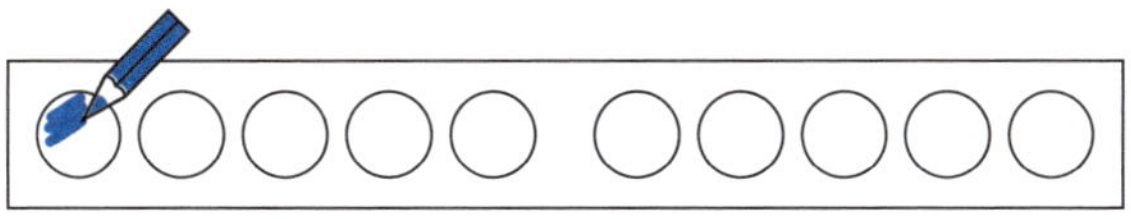   5 + 1 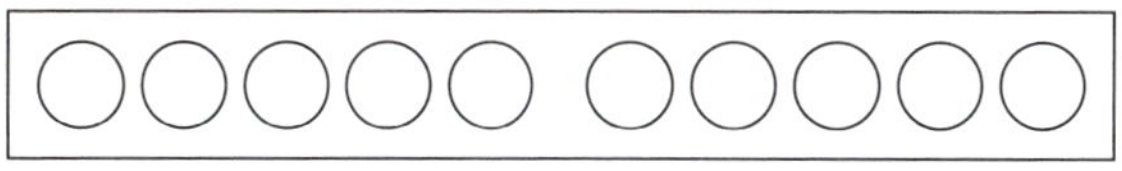 =   2 + 0 =

3   2 + 2 = ☐   4 + 1 = ☐   6 + 0 = ☐
   3 + 3 = ☐   4 + 2 = ☐   3 + 0 = ☐
   3 + 2 = ☐   2 + 4 = ☐   1 + 3 = ☐

4

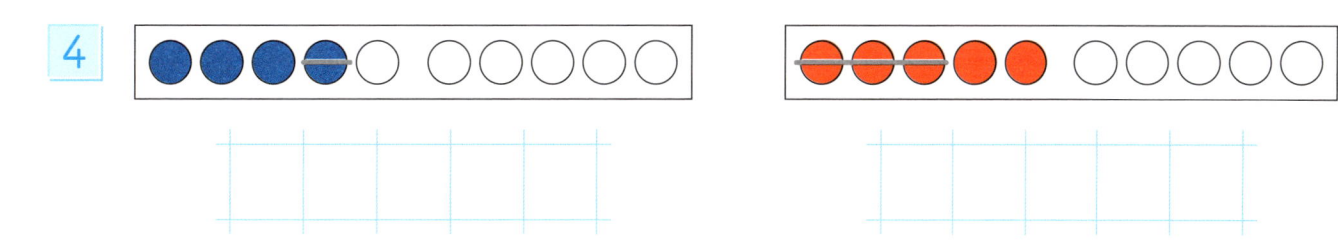

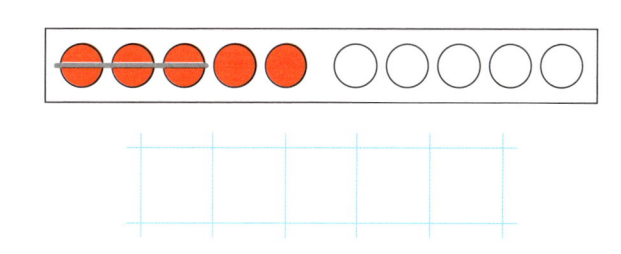

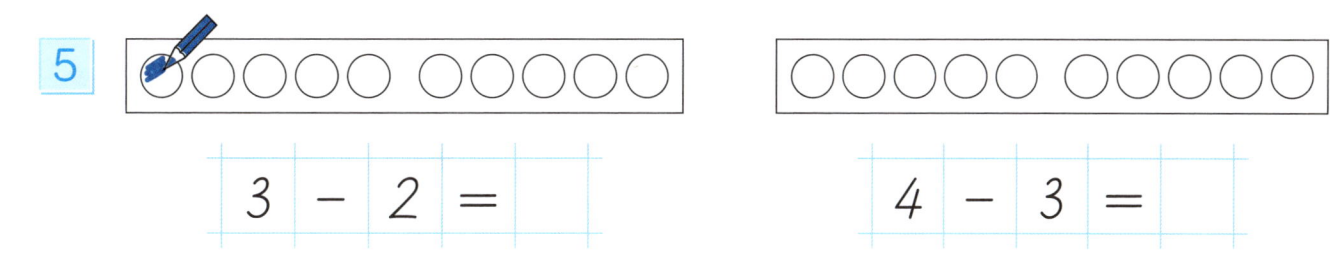

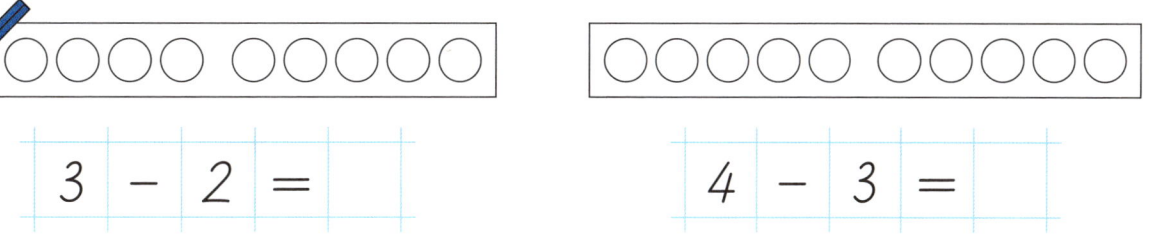

5   3 − 2 =   4 − 3 =

6   5 − 2 = ☐   4 − 1 = ☐   6 − 5 = ☐
   3 − 3 = ☐   4 − 2 = ☐   3 − 0 = ☐
   6 − 2 = ☐   5 − 4 = ☐   6 − 3 = ☐

55

Verdoppeln

1 Tim und Tom wie wahr,
sind ein keckes Zwillingspaar.
Hosen, Stifte, Hut und Sack,
alles gibt's im Doppelpack.

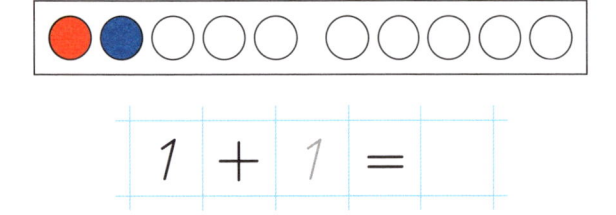

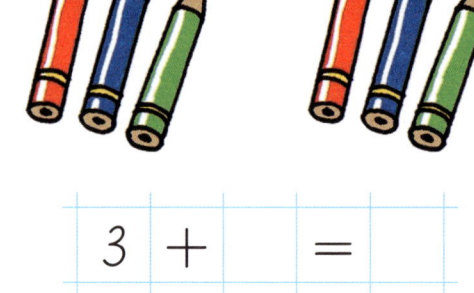

| 1 | + | 1 | = | |

2

| 2 | + | | = | |

| 3 | + | | = | |

3

4

| 2 | + | 2 | = | |

| 3 | + | | = | |

| 1 | + | | = | |

ausgehend von der vorgegebenen Alltagssituation (Zwillinge) mit Hilfe verschiedener Mengen Verdopplungsaufgaben bilden 3 Verdoppeln mit dem Spiegel probieren

Halbieren

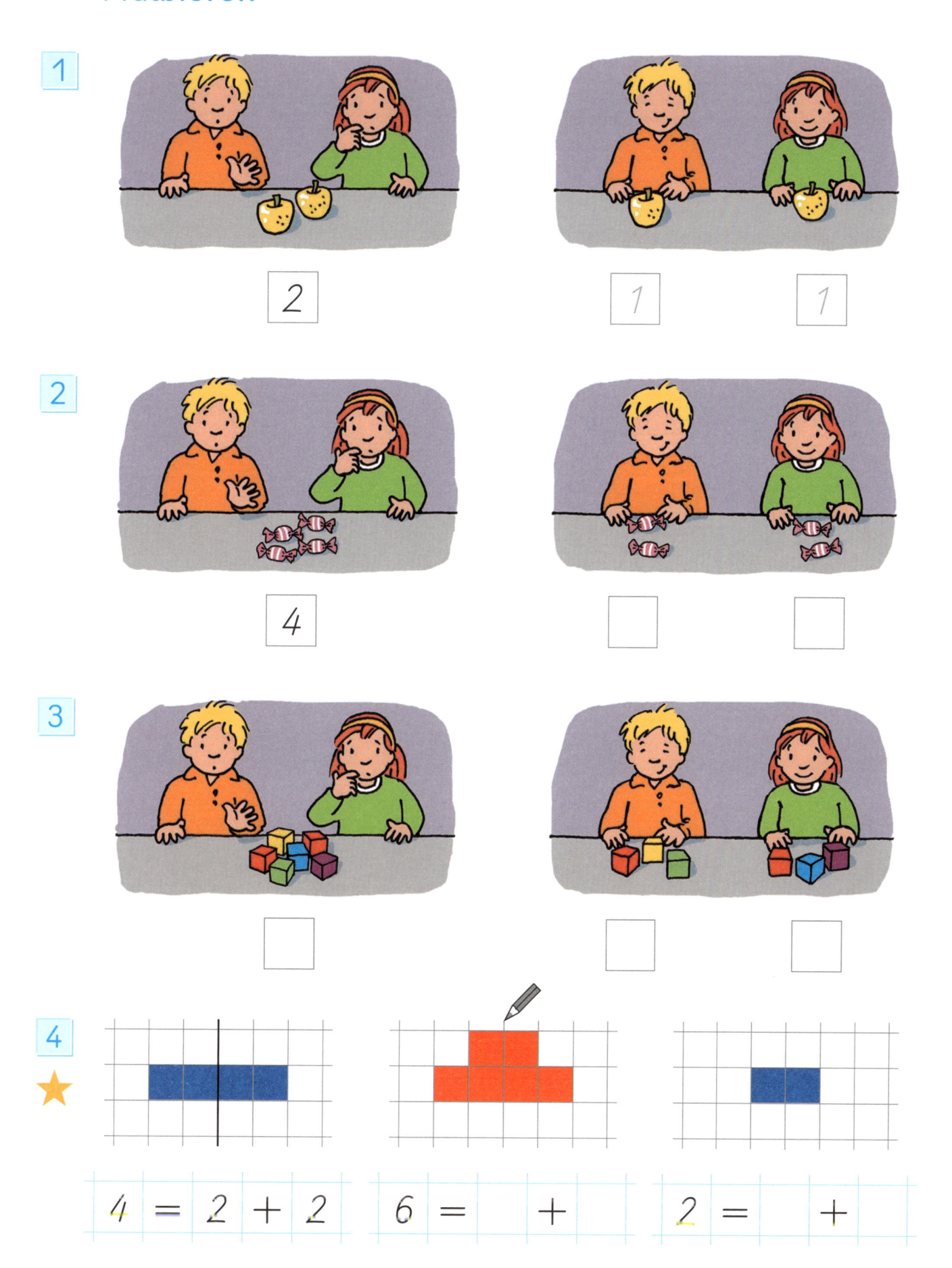

1 | 2 | 1 | 1

2 | 4 | ☐ | ☐

3 | ☐ | ☐ | ☐

4 ⭐

4 = 2 + 2   6 =   +   2 =   +

1–3 durch gerechtes Aufteilen wird das Halbieren einer Ausgangsmenge in zwei gleiche Teilmengen erfasst   4 Zerlegen durch Erkennen der Symmetrie und Zeichnen der Spiegelachse

Euro und Cent

1 Euro [1] € [2] €

2 Euro [2] € [ ] €

5 Euro [ ] €

1 Cent
1 ct

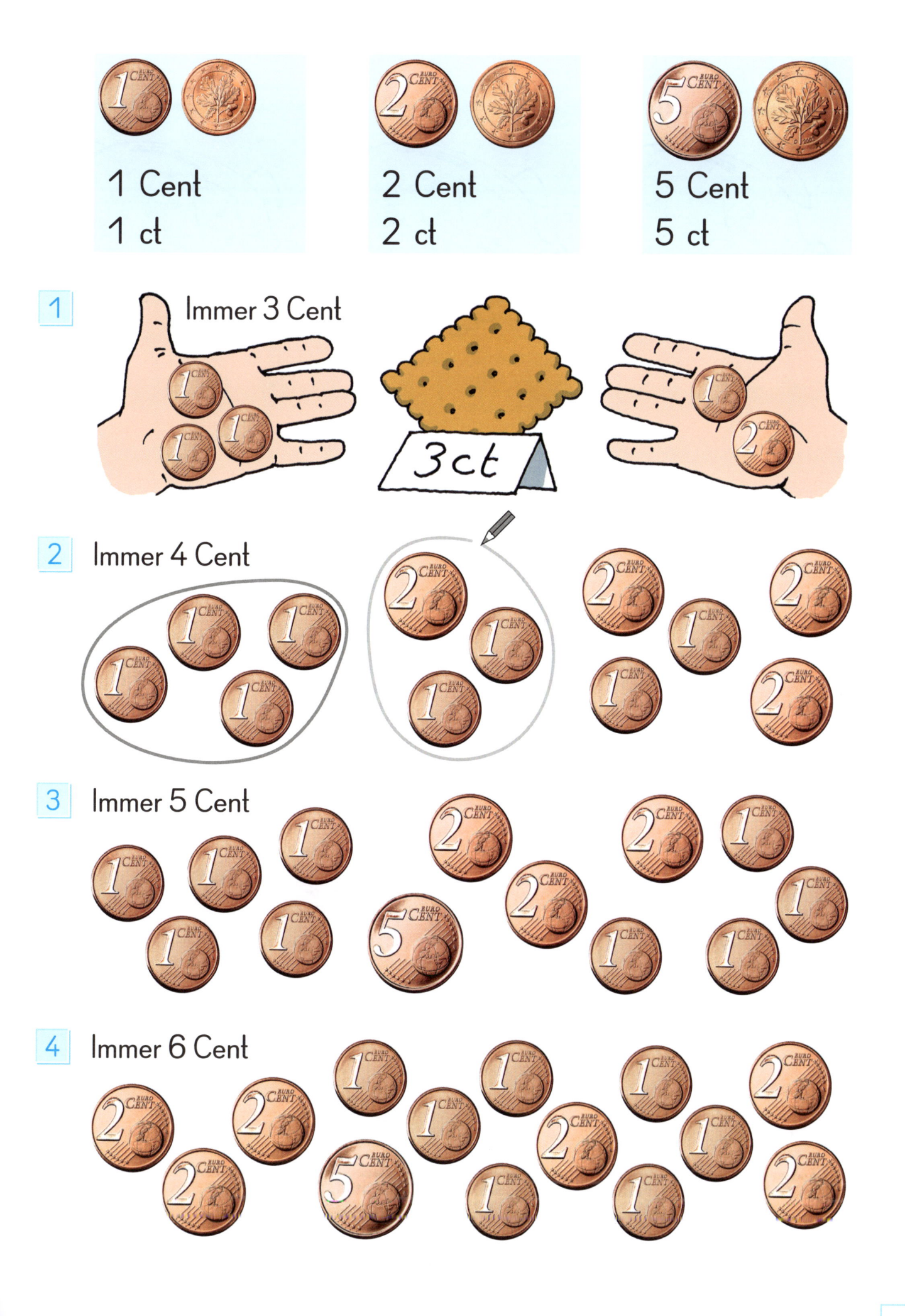

2 Cent
2 ct

5 Cent
5 ct

1 Immer 3 Cent

2 Immer 4 Cent

3 Immer 5 Cent

4 Immer 6 Cent

Rechnen mit Geld

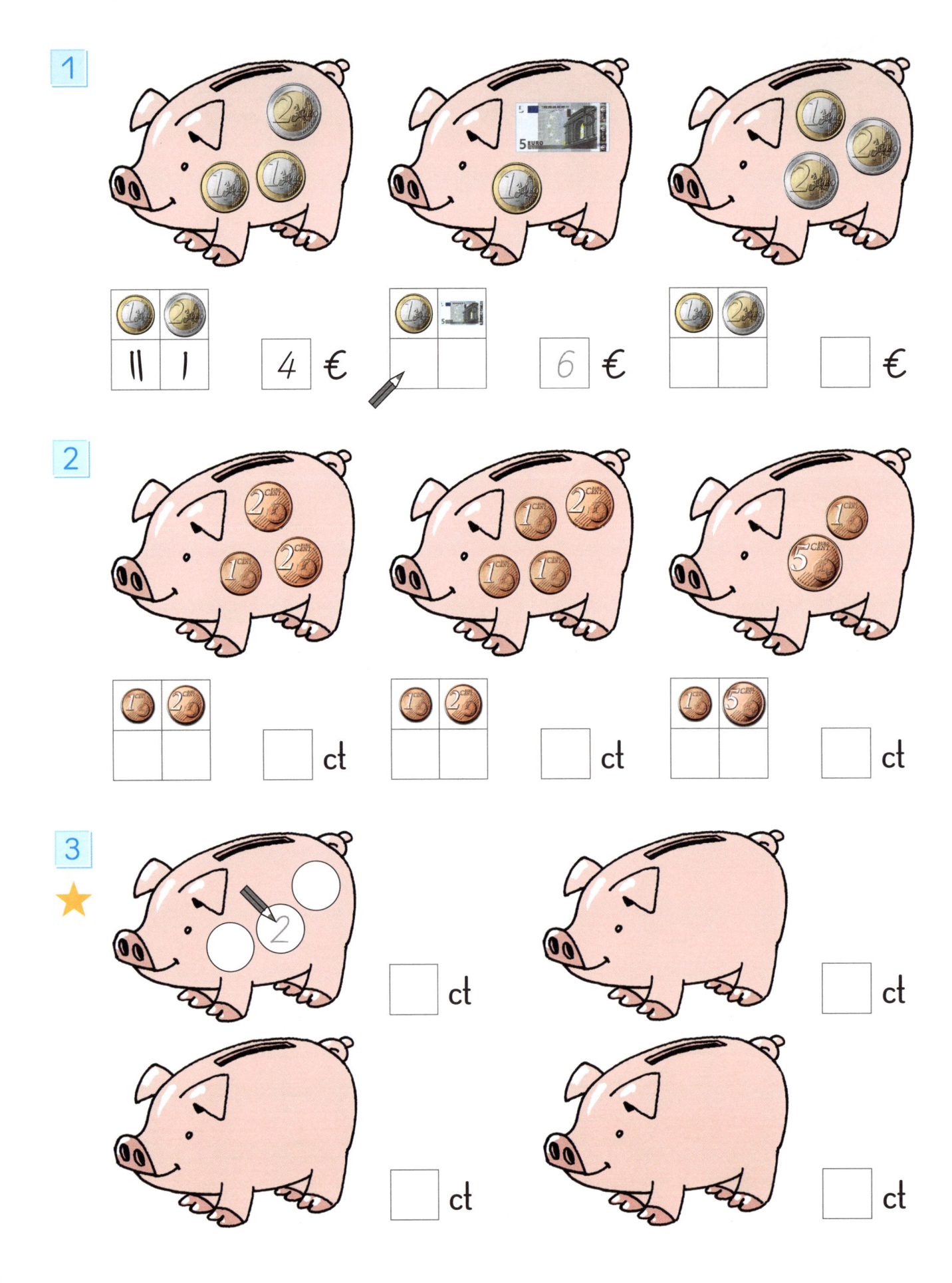

1

1	2
ll	l

4 €   6 €   ☐ €

2

☐ ct   ☐ ct   ☐ ct

3 ⭐

☐ ct   ☐ ct

☐ ct   ☐ ct

1) ☐ 3 € ☐ € ☐ € ☐ €

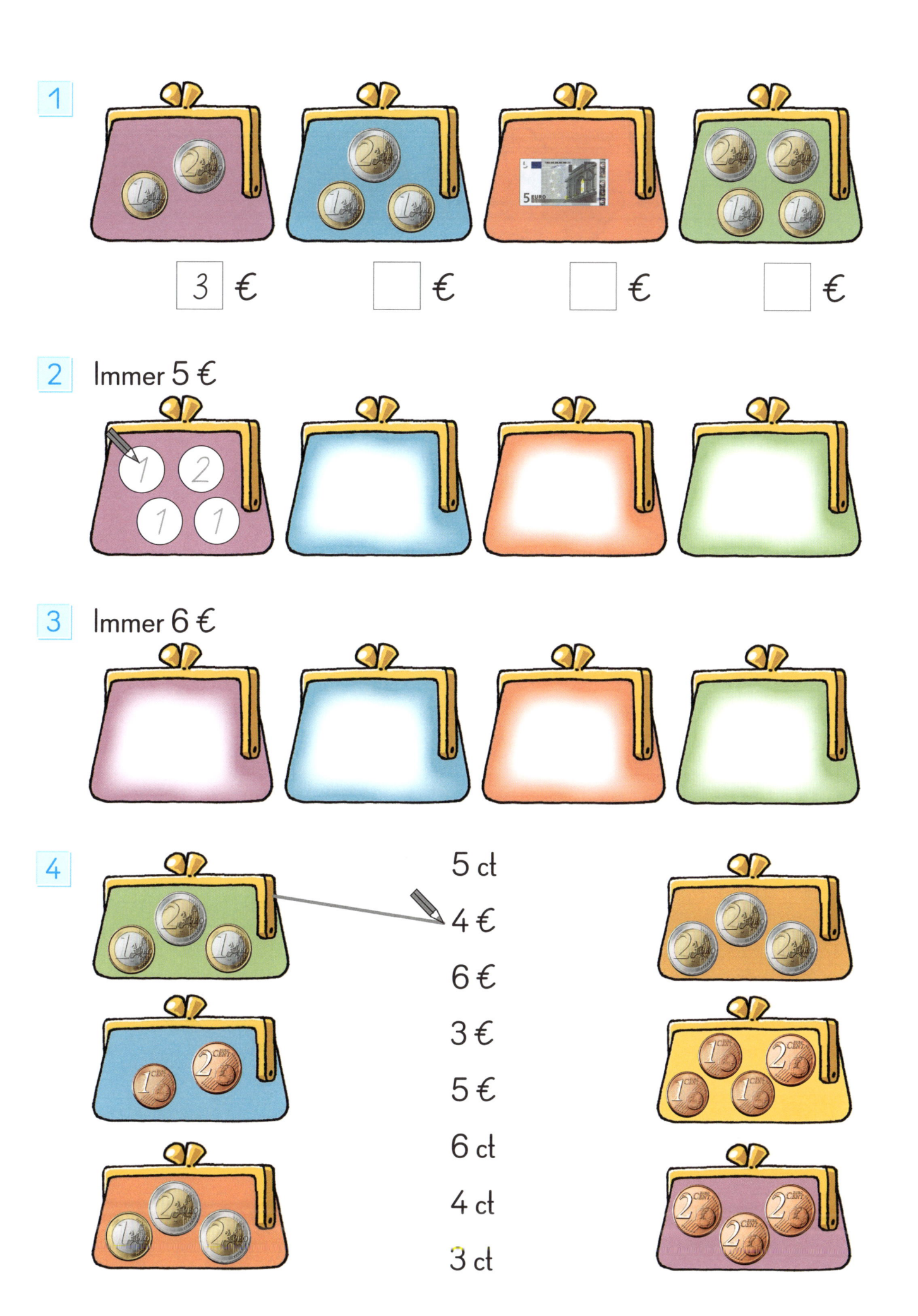

2) Immer 5 €

3) Immer 6 €

4) 5 ct
4 €
6 €
3 €
5 €
6 ct
4 ct
3 ct

1ct 3ct 2ct 5ct 4ct 6ct

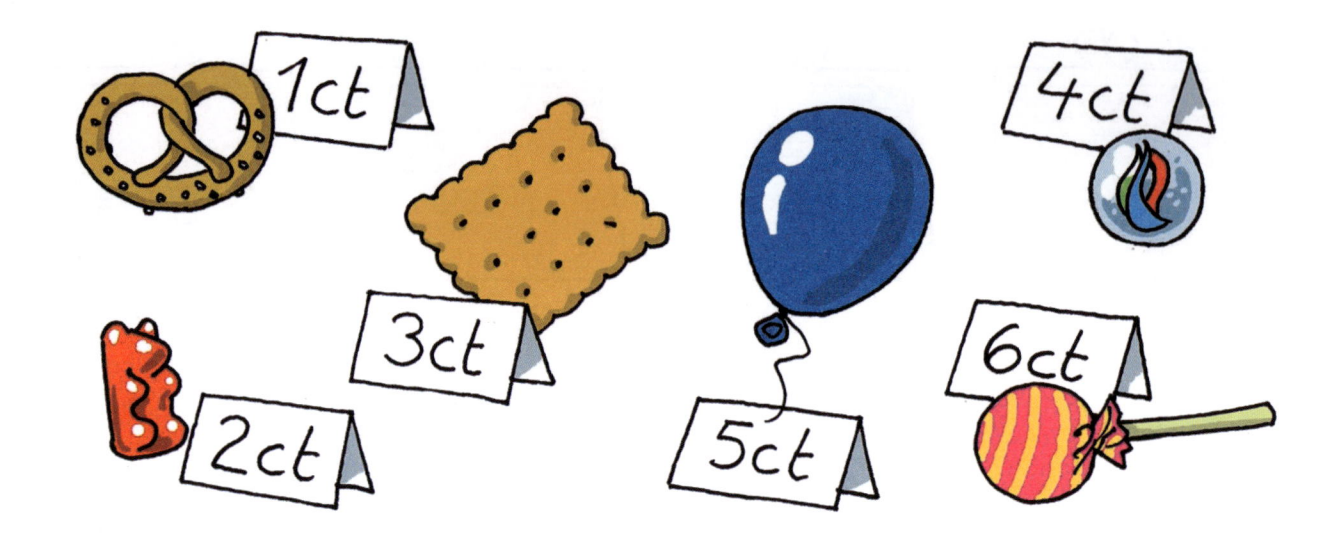

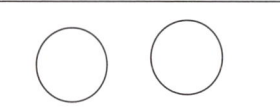

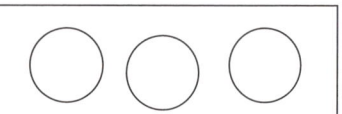

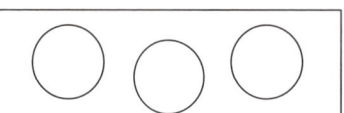

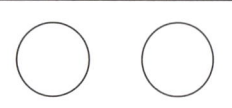

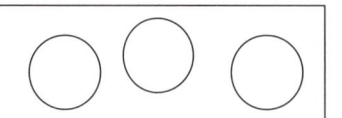

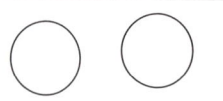

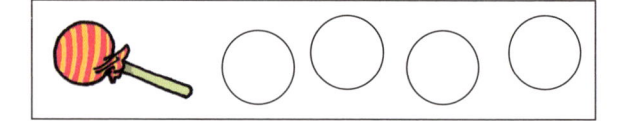

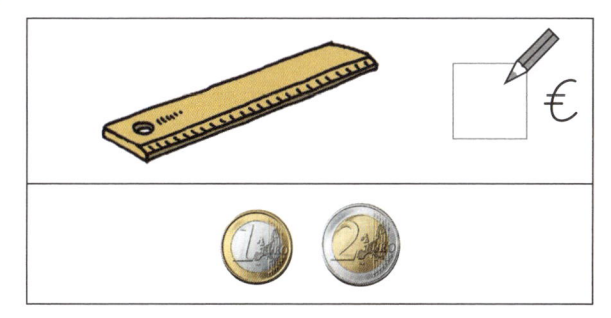

1 Tom | Opa

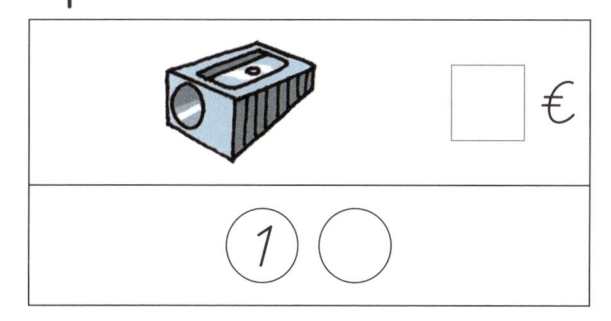

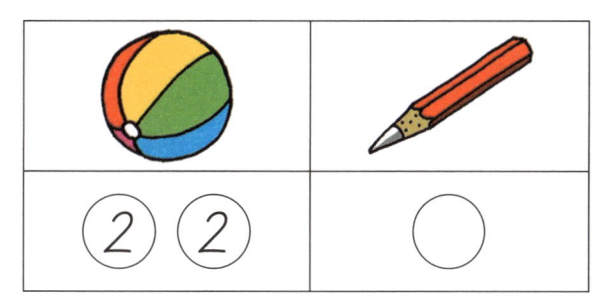

Ina | Ali

2 ★ Mama | Oma

4 € + 1 € = 5 €   ☐ € + ☐ € = ☐ €

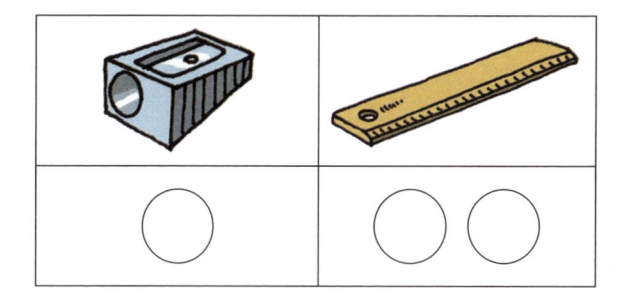

Zusammenfassung

1

+ =	+ =	+ =
− =	− =	− =

2

5 €

6 €

3

3 + 3 = ☐	6 − 4 = ☐	5 − 3 = ☐
0 + 5 = ☐	4 − 3 = ☐	4 + 2 = ☐
1 + 3 = ☐	5 − 2 = ☐	5 + 0 = ☐
2 + 4 = ☐	3 − 0 = ☐	6 − 3 = ☐
3 + 2 = ☐	6 − 2 = ☐	1 + 5 = ☐